JN123548

くらしをまもり、未来をつくる。

日本労働組合総連合会

会長 芳野 友子

くらしをまもる

　私たち日本の労働者の日々のくらしは、物価高・円安・コロナ禍の三重苦の中にあります。消費者物価指数の対前年上昇率をみると、数十年ぶりの水準を示していますが、その一方で賃金は物価の上昇に追いつけない状況となっています。

　また日本が、「慢性デフレ」から抜け出せないうちに、本年2月のロシアによるウクライナへの軍事侵攻、加えて3月以降から続く急激な円安・ドル高により、エネルギー価格をメインとする輸入価格高騰が引き起こした「急性インフレ」にも襲われています。「慢性デフレ」から脱却し、家計（くらし）と企業が「急性インフレ」に対応するためには、根強く残っている「デフレマインド」からの脱却が必要であり、そのためには賃上げと適切な価格転嫁を進めていくことが必要です。

　「働くことを軸とする安心社会」の実現に向けて、格差是正と分配構造の転換に取り組むことで、私たち自身のくらしをまもっていきましょう。

未来をつくる

　2014闘争から積み上げてきた「底上げ」「底支え」「格差是正」の取り組みの蓄積のうえに、現下の状況も総合的に勘案し、今回は28年ぶりに5％程度の賃上げ目標を提起しました。決して、物価高に対応するためだけに数字を変えたという単純な話ではありません。私たちがめざす「働くことを軸とする安心社会」の実現に向けて、連合は2023闘争でも「未来づくり春闘」を掲げていきます。賃金も物価も経済も安定的に上昇する姿へ、ステージを変えた未来へとしていかなければなりません。そのスタートは賃上げを中心とする「人への投資」にほかならず、実現に向けてうねりを創り出していくターニングポイントとなるのは、この2023春季生活闘争であり、実現させられるのはともに闘っていくみなさんです。みんなで、ともに頑張りましょう。

2022年12月

2023春季生活闘争のポイント

私たちのくらしを直撃している物価高

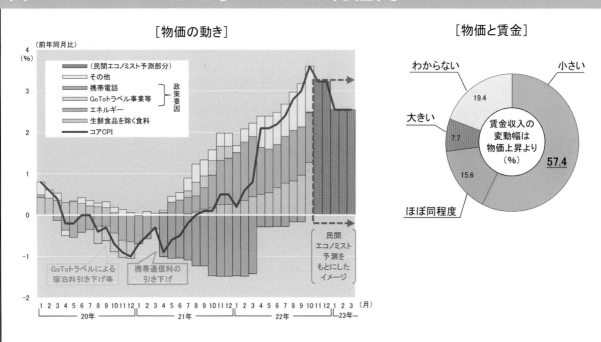

[物価の動き]

[物価と賃金]

くらしをまもる

■ 2022年4月から消費者物価（総合）は、2%を超える一方、
賃金は物価上昇に追いついていない。
⇨ **マクロ的には、物価を上回る可処分所得増をめざす必要がある。**

■ 企業部門では適切な価格転嫁が進んでいない。
⇨ **根強く残るデフレマインドを払しょくし、ステージを変える必要がある。**

「人への投資」を起点とした好循環

「人への投資」 ➡ 能力・意欲の向上と所得増

企業の利益向上 ⬅ 適切な価格転嫁 消費拡大

人への投資を怠ってきた30年

[実質賃金上昇率の国際比較]

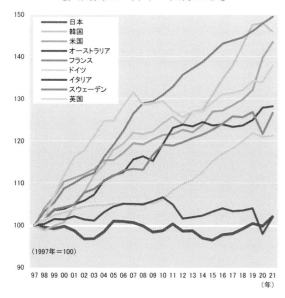

[GDPに占める企業の能力開発費割合の国際比較]

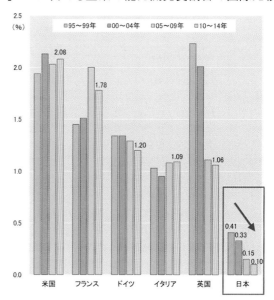

未来をつくる

■ 日本経済・企業は、バブル崩壊以降「人への投資」「未来への投資」が
低迷し、わが国の経済と賃金は20年以上にわたり停滞している。

➡ **成長と分配の好循環を持続的・安定的に回していく「人への投資」**
を継続し、実質賃金を中期的に維持・向上させる必要がある。

➡ **「未来づくり春闘」を深化させ、産業・企業の将来展望を話し合い、**
未来に向けた労働条件決定をしていく必要がある。

「働くことを軸とする安心社会」の実現をめざす

連合がめざす社会は、働くことに最も重要な価値を置き、誰もが公正な労
働条件のもと、多様な働き方を通じて社会に参加でき、社会的・経済的に
自立することを軸とし、それを相互に支え合い、自己実現に挑戦できるセー
フティネットが組み込まれている活力あふれる参加型社会であり、加え
て、「持続可能性」と「包摂」を基底に置き、年齢や性、国籍の違い、障がい
の有無などにかかわらず多様性を受け入れ、互いに認め支え合い、誰一
人取り残されることのない社会です。

出所：連合ビジョン「働くことを軸とする安心社会－まもる・つなぐ・創り出すー」

Contents

2023春季生活闘争の方針と課題

Ⅰ 視点と考え方

Ⅱ 2023春季生活闘争方針

Ⅲ 現状と課題

持続可能な社会の実現

Ⅳ　資料編

こんにちは！労働組合・連合のキャラクター、ユニオニオンです！
ユニオニオンは、ユニオンとオニオンをもじった名前。
実は労働組合＝ユニオンとは、いくつもの葉が重なり合ってできている、
たまねぎ＝オニオンが語源とされているんです。

連合キャラクター
「ユニオニオン」

～私たちとつながってください～
最新情報をチェック

【連合ホームページ】
事務局長談話、春季生活闘争、政策等、連合の情報を掲載
しています。

【連合Facebookページ】
あなたの「いいね」が社会に向けた世論喚起につながりま
す。あなたの「シェア」が大きな力になって運動をパワー
アップさせます。

【連合Twitter】
連合公式キャラクターユニオニオンがツイート！
あなたの「リツイート」が共感の輪になって世界中に拡
散されます。

【連合TV】
連合・労働組合の活動を分かりやすく発信しています。
記者会見などの模様も公開しています。

【月刊連合・季刊RENGO】
働く人の視点から、いま社会で起きていること、連合が
力を入れている運動などをわかりやすく解説。
紙・電子版をご用意しています。

【ゆにボ】
労働相談チャットボット
24時間365日15言語対応

【連合公式LINE】
まずは友だち登録！

【Wor-Q】
フリーランス
課題解決サイト

【ゆにふぁんマップ】
労働組合や地域NGO・
NPOによる活動を紹介、
サポートします。

読者のみなさまへ
● 本文中の ▯p12などの表記は、関連する内容が各ページにあることを示します。
● 連合のオリジナル資料（「賃金・一時金・退職金調査」など）は政策資料として販売しております。
● 厚生労働省「賃金構造基本統計調査」のデータを使った賃金傾向値表や格差分析などの資料は連合ホーム
　ページに掲載しています。ご活用ください。

I

2023
春季生活闘争

視点と考え方

（1）働く人のくらしを直撃している物価高

　物価高が働く人のくらしを直撃している。2022年10月の消費者物価は対前年比3.7％の上昇となった。円安と国際情勢を反映した原油や穀物など国際市況の動きを受けて、エネルギー価格や食料品などの価格が上昇し、ほぼ30年ぶりの物価高となっている　図1。

　日銀の分析によると、エネルギーや食料品など生活必需品を含む基礎的支出の割合は、年間収入下位20％の世帯が約7割であるのに対して、上位20％の世帯では約5割となっており、収入の低い層ほど大きな影響を受けている。

　この間の賃上げの広がりを反映して、名目賃金は、所定内賃金、賃金総額とも微増で推移しているが、物価を加味した実質では、それぞれ2022年2月、4月から前年度比マイナスに落ち込んでいる（厚生労働省「毎月勤労統計調査」）。

　連合総研の調査では、約6割の人が「1年前と比べ、賃金収入の変動幅は物価上昇より小さい」と回答している　図2。「暮らし向きが悪くなった」とする割合も2回連続（2022年4月、10月）で増え、今後の見通しにおいても悪化するとの回答が多い。

図1［消費者物価の動き］

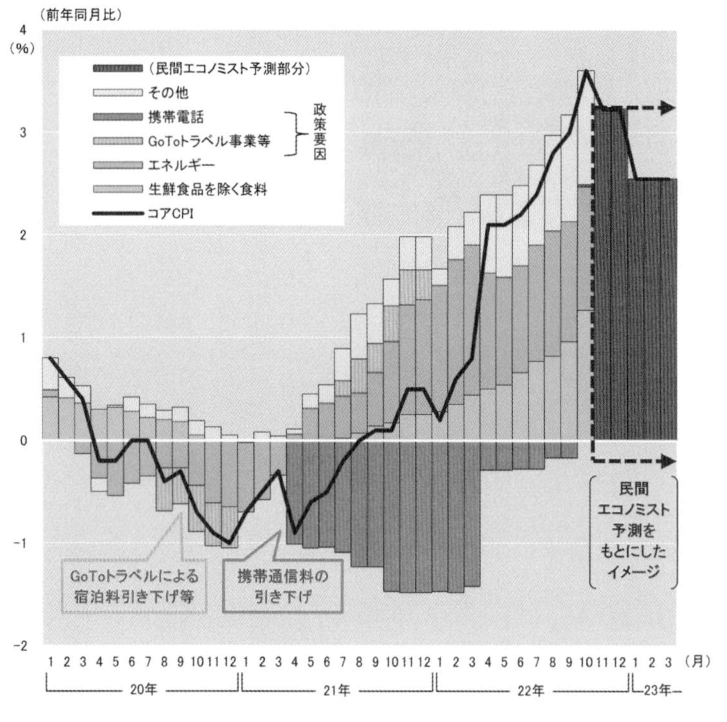

（前年同月比）
（%）

凡例：
- （民間エコノミスト予測部分）
- その他
- 携帯電話
- GoToトラベル事業等 ┐ 政策要因
- エネルギー
- 生鮮食品を除く食料
- コアCPI

GoToトラベルによる宿泊料引き下げ等
携帯通信料の引き下げ
民間エコノミスト予測をもとにしたイメージ

1 2 3 4 5 6 7 8 9 10 11 12｜1 2 3 4 5 6 7 8 9 10 11 12｜1 2 3 4 5 6 7 8 9 10 11 12｜1 2 3（月）
　　　　20年　　　　　　　　　　21年　　　　　　　　　　22年　　　　　　23年

図2［物価と賃金］

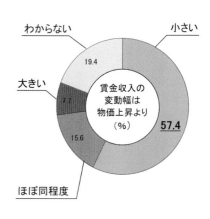

わからない 19.4
大きい 7.7
ほぼ同程度 15.6
小さい 57.4

賃金収入の変動幅は物価上昇より（%）

■注：コアCPIとは消費者物価指数（CPI）のうち、すべての対象商品によって算出される「総合指数」から生鮮食品を除いて計算された指数。政策要因は4月以降の携帯通信料およびGoToトラベルキャンペーン等の影響をあわせた値。2022年6月以降の予測値については、コアをESPフォーキャスト調査における消費者物価上昇率の予測値（前年比、四半期ベース）。携帯通信料は2022年1月の水準が横ばいになると仮定して、民間エコノミスト予測残差をコアと携帯通信料の差分とすることで算出
■出所：総務省「消費者物価指数」、日本経済研究センター「ESPフォーキャスト調査」（11月調査（11/10公表））より連合作成

■出所：連合総研「第44回勤労者短観」（2022年10月）

（２）中小企業などへの影響

輸入物価の上昇は企業の仕入価格を押し上げ、2022年11月の企業物価は、前年同月比9.3％上昇している。消費者物価と企業物価のギャップは、主に政府による燃料や穀物価格の激変緩和のための補助金投入等の効果と企業部門の取引関係のなかでのコスト吸収と考えられる。日銀「短観」の「仕入価格判断」と「販売価格判断」の推移をみると、販売価格への転嫁は進みつつあるものの、仕入価格の上昇スピードに追いついていない姿が明らかになっている。産業・業種によって差があり、また製造業・非製造業ともに大企業より中小企業の方が厳しい実態にある▶図3。

適正な価格転嫁が十分に進んでいないこと、時間を要していることが、中小企業などの収益を圧迫している。また、賃金が物価上昇に追いついていない現状を考えると、最終消費者にまで価格転嫁を浸透させるハードルは高いと言わざるを得ない。

図3［「仕入価格判断」と「販売価格判断」の推移］

〈大企業〉

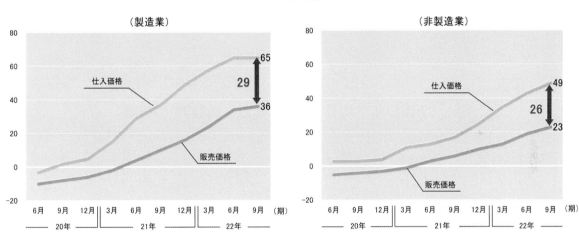

〈中小企業〉

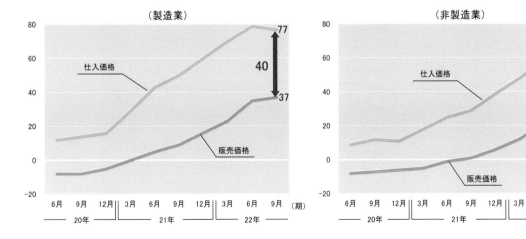

■注　：「仕入価格判断」：「上昇」－「下落」、「販売価格判断」：「上昇」－「下落」
■出所：日本銀行「短観」

（3）欧米のインフレとの違い

　世界的にインフレが進行している。日本は２～３％だが、米国やＥＵの消費者物価は10％近く上昇している。日本と欧米の違いはどこにあるのだろうか。

　例えば、米国では、2020年４-６月にコロナ禍で経済が大きく落ち込んだが、堅調な個人消費に牽引され需要が回復する一方で人手不足から賃金が上昇し、国際的な資源価格の上昇と相まって1980年代前半以来の高いインフレ率となっている。実体経済面に加え、コロナ禍対策として行われた低金利政策と財政出動によって貨幣の供給量が増えたことも一因になっている。

　日本では、コロナ禍の落ち込みからの個人消費の回復は遅くかつ弱い。輸入価格が急上昇しているエネルギーや食料品などの価格は一定程度上がっているが、人件費コストが相対的に高いサービスに関連する価格はあまり上がっていないものが多い。欧米との最大の違いは、賃金上昇を伴った物価上昇か否かという点である。

　欧米主要国は金融引き締めによるインフレ抑制とエネルギー対策を柱として急性インフレへの対応に集中すればよいが、わが国は20年来の慢性デフレと輸入物価の上昇による急性インフレの両方に対応しなければならないという複雑な状況にあり、その違いを踏まえた処方箋が必要である。

図4［8ヵ国の年平均賃金額（購買力平価換算）の推移］

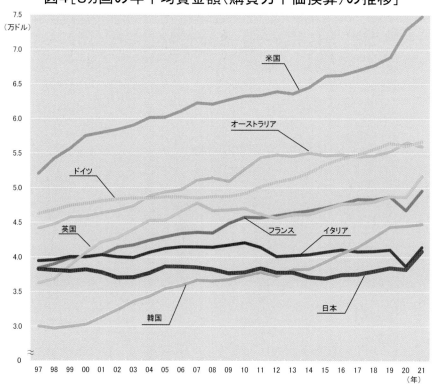

■注　：「購買力平価」とは、２国間で同じ品物を買った場合の価格差を示すレート。例えば日本で300円のものが米国で２ドルだったとすれば、１ドル＝150円が換算レートとなる
■出所：OECD統計

（4）賃金と物価の両方が「安いニッポン」

　病を治すには正しい診断が大切である。輸入価格上昇がもたらした目の前の「急性インフレ」だけを考えるのではなく、20年来の「慢性デフレ」によって賃金と物価の両方が安い社会になってしまったという中期的な構造変化を踏まえ、処方箋を考える必要がある。

　1990年代後半以降、わが国の実質賃金が上がっていない一方、主要国は年１〜２％ずつ上昇し、その結果、賃金水準の相対的位置が低下している。2021年の年平均賃金額（購買力平価換算）は、米国、ドイツ、韓国など主要８ヵ国中８番目である▐▶図4。

　賃金が上がらないから物価も上がらない。ビッグマックの価格で比べてみると米国5.15ドル、英国4.44ドル、韓国3.5ドルに対して日本2.83ドル（2022年７月時点）である。10年前の2012年７月には米国3.96ドル、英国4.16ドル、韓国3.21ドル、日本4.09ドルであったものが、この間に大きく変化した▐▶図5。

　日本の労働者の購買力が増えないのだから、日本人に高いものが売れないのは当然と言える。低価格競争の消耗戦で労働者も企業も疲弊している。今回の輸入インフレは、実質賃金が長期低迷し、貧困と格差が拡大している状況下で起こっている。

図5［各国のビッグマックの米ドル建て価格の推移］

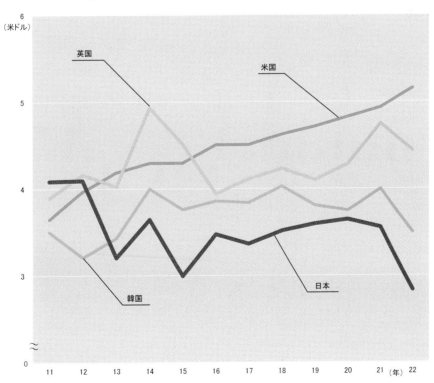

■注　：各年７月の価格
■出所：The Economist「The Big Mac index」

（5）円安と国民所得の減少

　加えて、通貨価値の急速な下落は、輸入インフレの要因であると同時に、国際的な日本経済のポジションを低下させるものでもある。円ドル為替レートは、2022年10月にバブル経済崩壊以降の最安値（1ドル＝151.94円）を記録した。2020年と比較して、輸入物価指数は約8割上昇している一方、輸出物価指数は約3割の上昇にとどまっており、交易条件が悪化している➡図6。わが国は海外から年間111兆円ほど原材料や食料などを購入し、107兆円の輸出をしているが（2021年度：1ドル＝110円）、現在の円安によって国民所得の海外への流出がさらに加速している➡図7。

　つまり、国内で分配できる国民所得が目減りする中で、国民生活の維持・向上と格差是正をはかり、同時に「人への投資」「未来への投資」により経済社会の基盤強化を進めるという難しい舵取りを迫られているのだ。

図6［輸出と輸入］

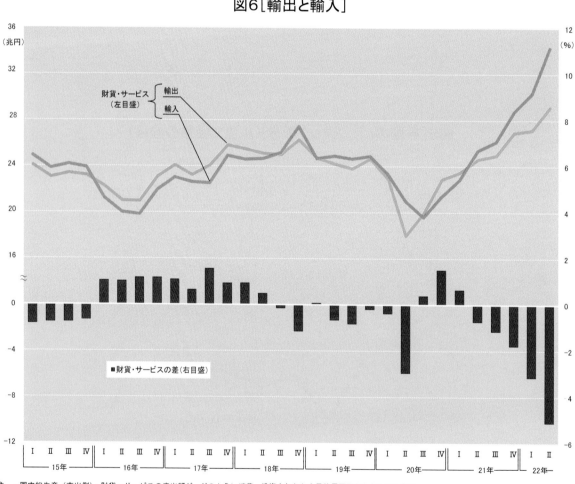

■注　：国内総生産（支出側）：財貨・サービスの産出額が、どのように消費、投資されたかを最終需要面からとらえたもの
　　　　図は国内総生産（支出側）の「財貨・サービスの輸出」と「財貨・サービスの輸入」のそれぞれの実額とその差額から作成
■出所：内閣府「四半期別GDP速報」

（6）いま直面している危機

　世界経済はインフレと同時に景気後退の瀬戸際にあり、国際情勢も不安定化している。わが国へのマイナスの影響を最小限に食い止め、国民のくらしを守るために、政策面から物価上昇のスピードを緩め、当面の生活支援を行うなど短期的な危機対応が必要であることは言うまでもない。政府は、2022年6月に物価・賃金・生活総合対策本部を立ち上げ、「足下の原油価格や物価の高騰による国民生活や経済活動への影響に緊急かつ機動的に対応し、賃金の上昇を通じてコロナ禍からの経済社会活動の回復を確かなものとすべく」取り組むとしている。2022年4月の緊急対策、9月の追加対策に続き、12月に成立した29兆円規模の補正予算とセットで、エネルギー・食料品等の価格高騰対策、中小企業支援策、雇用対策などを柱とする総合対策を取りまとめた。

　しかし、目先の対処療法に終始するだけでは、行き詰まりつつある日本の現状を打開することはできない。なぜ現状に至ったのか、どこに問題があるのか、危機の本質を的確にとらえ対応できていないところに、いまの本当の危機がある。

図7［交易損失の推移］

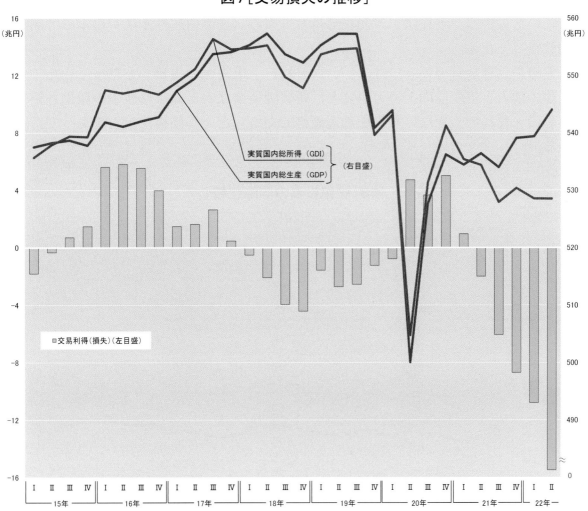

■出所：内閣府「四半期別GDP速報」

2 日本の経済社会はなぜ低迷しているのか

なぜ、"いまここ"に至ったのか、私たちの歩んできた道を振り返ってみよう。

（1）「人への投資」「未来への投資」を怠ってきた30年

日本企業の強みの一つは、技術革新などに積極的に対応して働く者の能力を伸ばし活かすことで、企業の成長と働く者の働きがい・労働条件の改善を両立させてきたことにある。経団連「2022年版経営労働政策特別委員会報告」では、「資源が乏しいわが国において、『ヒト』は最も大事な経営資源である。多様な人材一人ひとりが持てる能力を最大限発揮して活躍することこそが、企業の成長の原動力であり起爆材となる」と書いている。

しかし、1990年代後半から大きな経済的ショックを経るたびに、リスク回避・短期利益優先・株主重視の経営姿勢が強まり、「人への投資」は減り、技術革新など将来を見据えた「未来への投資」も停滞した▶P.61。わが国の企業が行う能力開発費は、1990年台後半の¼にまで落ち込み、民間の設備投資も30年間停滞したままで主要国の積極的な動きと対照的である▶図8。その結果、日本全体の時間当たり生産性は、2000年代前半までは年率2％程度伸びていたものが、現在は1％弱まで落ちている（日本生産性本部「日本の労働生産性の動向」）。

経済停滞の大きな原因の一つは、「人への投資」「未来への投資」を怠ってきたことで、社会全体の活力と生産性向上の力が衰え、新興国企業などとの価格競争の激化と相まって「良いもの・まねのできないものを適正価格で売る」という価格決定力を失っていったことにある。

図8[設備投資の国際比較]

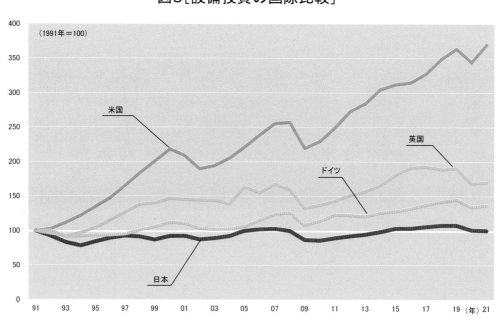

■注 ：民間部門における総固定資本形成の額
■出所：OECD統計

（２）部分最適の企業行動と賃金決定

　日本企業は、リスク回避・短期利益優先・株主重視へのシフトによって、付加価値率を高め売上を伸ばすのではなく、コストを圧縮して利益を稼ぎ、稼いだ利益は株主への分配とリスクに備えた内部留保に積むという傾向を強めた。それは、企業の成長と働く者の働きがい・労働条件の改善のバランスを変化させてきた。

　京都橘大学の石水喜夫教授の分析では、1998年の経済危機以前は企業利益が伸びれば実質賃金も伸びるという関係（フェーズⅠ）にあったが、その後は企業利益が伸びても実質賃金は一定に抑えるフェーズⅡ、さらに実質賃金を引き下げて企業利益を増やすフェーズⅢへと変化してきた▐▶図9。1995年に旧・日経連が公表した「雇用のポートフォリオ」論に沿って、採用抑制や雇用リストラでいわゆる正社員を絞り込み、賃金水準の低い雇用形態で働く人を増やしてきた。1990年に２割であった非正規雇用の比率は４割となり、女性労働者では半数を超えている。派遣労働や有期契約を増やすことで総額人件費の抑制と変動費化が進んだ一方、日本企業の強みと言われてきたＯＪＴに振り向ける職場の余力がなくなり技術・技能の継承やメンタルヘルスを含めた安全衛生などに課題を抱える企業も増えている。

　賃金決定を通じた所得分配は、個々の労働者の働きがいや生活の維持・向上、個別企業の人件費の問題にとどまらず、国民経済の安定と持続的な成長にも深く関係している。実質賃金の持続的な向上は、国内市場を質量両面で育てていくベースとなるものであり、良質な雇用機会の創出、質の高い労働力の再生産、社会の安定のために必要不可欠な条件の一つである。しかし、そうしたマクロの視点は希薄になり、みんなが「賃金は上がりにくく、販売価格の引き上げは避けるべきもの」と思い込むことでデフレマインドが形成され、それぞれが守りを固める部分最適の風潮が社会を覆っている。

図9[売上高経常利益率上昇過程における実質賃金の推移]

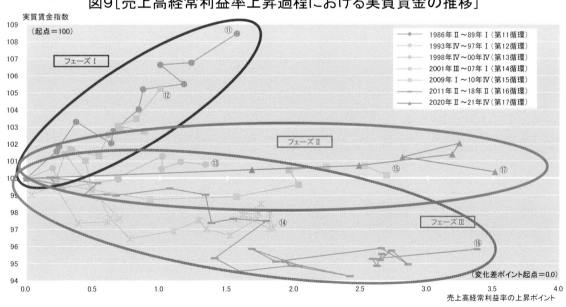

■注　：1）数値は起点からの季節調整値（四半期）で最終点に景気循環のナンバーを⑪～⑰で表記　2）売上高経常利益率は経常利益を売上高で除した百分率（全産業（金融業、保険業を除く）、全規模）を用い、景気拡張過程と対照して利益率（下１桁）が上昇している期間（景気の谷以前にボトムがある場合はボトムを起点とした。また、直近の第17循環は2021年第Ⅳ四半期まで）　3）実質賃金は現金給与総額（調査産業計、事業所規模５人以上（ただし、1990年以前は30人以上））を2020年基準（原指数）の消費者物価（持家の帰属家賃を除く総合）で除した値
■出所：総務省「消費者物価指数」、財務省「法人企業統計調査」、厚生労働省「毎月勤労統計調査」より京都橘大学の石水喜夫教授作成

（3）いわゆるアベノミクスの限界

バブル経済崩壊以降、マクロの経済財政運営も紆余曲折があったが、ここでは、現在につながるという観点から、2012年〜2020年の第2次安倍政権における、いわゆるアベノミクスの政策パッケージ（①金融の異次元緩和、②積極的な財政拡大、③規制緩和などによる経済活性化策）に焦点をあてて振り返っておこう。

当時、デフレ脱却の処方箋として打ち出されたのが異次元の金融緩和である。これによって為替レートは、2012年の1ドル＝80円台から2015年には120円台、その後は2021年末まで110円前後で推移した➡図10。国内の個人消費が停滞する中で、通貨価値を切り下げることで輸出額を増やし、外国人観光客などを国内に呼び込むことに成功した。

経済成長を重視し、東日本大震災からの復興および国内の需給ギャップの穴埋めのために補正予算を含めて大型の予算編成を続け、法人税減税や政府による賃上げの呼びかけも行われた。賃上げに関して結果を振り返ってみると、名目賃金は上昇したものの実質賃金は横ばいないしマイナスで推移した。物価統計上、2度の消費税引き上げによる負担増が反映されているからでもあるが、可処分所得という点からみると、賃上げ分が税・社会保険料の負担増でほぼ相殺され、手取りが増えていない。労働者の負担だけが右肩上がりで増え続けている➡図11。

輸出主導型の景気拡大で生産活動は高水準で推移したことから、バブル経済以来の人手不足となった。生産年齢人口の減少は不可避だったことから、女性や高齢者の労働参加率を高め、外国人や副業・兼業で働く人を増やす政策でカバーしようとした。雇用は増えたが、その多くは平均所得以下の仕事であった。

戦後最長の景気拡大は、大企業を中心に過去最高利益を更新する企業があった一方、多くの働く者にとっては実感のないものだった。そして、いま、異次元の金融緩和と積極財政の出口戦略も課題になっている。

図10[円ドル為替レート]

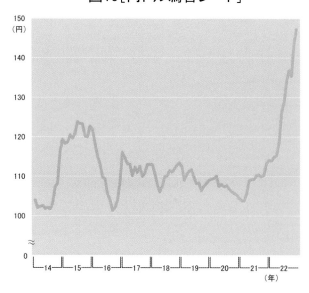

■注 ：月間の平均レート
■出所：日本銀行「主要時系列統計データ表」

図11[実質可処分所得などの推移]

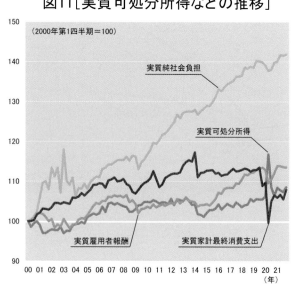

■注 ：1）実質値は、家計最終消費支出（除く持ち家の帰属家賃）デフレータを用いて試算　2）純社会負担とは社会給付が支払われることに備えて社会保険制度に対して行う現実又は帰属の支払
■出所：内閣府「国民経済計算」

（4）広がった格差、成長と分配

　所得分配の変化についても、振り返っておこう。わが国の名目賃金水準のピークは、1997年である。厚生労働省「賃金構造基本統計調査」でみると、一般労働者の平均賃金は平均年齢の上昇を伴いながらほぼ横ばいで推移しており、個別賃金で比べると1997年から2020年で５％ポイント以上下がっている。給与所得者の所得分布をみると、いわゆる「分厚い中間層」が薄くなる一方、低所得層が増加し格差が拡大している▐▶図12。

　経済界や有識者の一部には、分配の原資となる付加価値を増やす「成長」こそ大事だという意見があるが、90年代後半以降、マクロの生産性と実質賃金の推移には顕著な乖離が見られる▐▶図13。成長しても労働者への分配が不十分だった事実を直視すべきである。

　中間層の縮小と低所得層の増加、格差拡大は、コロナ禍を含め経済的ショックのたびに生活基盤の脆弱な人々のくらしを危機に陥らせている。短期的な対処療法を繰り返すだけではなく、格差を是正し「分厚い中間層」を再生すること、そして、すべての働く仲間が安心して働くことのできる社会的セーフティネットを整備することが重要である。

図12［給与所得者の所得分布の変化］

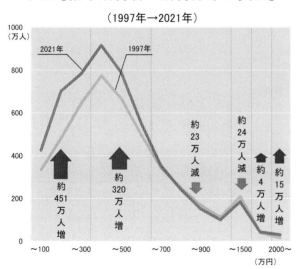

（1997年→2021年）

■出所：国税庁「民間給与実態統計調査」

図13［就業者一人あたりの実質GDPと実質賃金指数の推移］

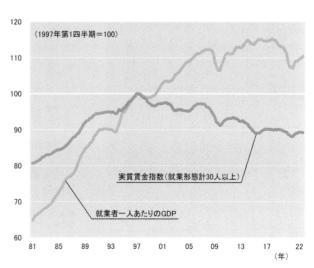

■注　：1）1997年第1四半期の値を100として指数化　2）数値は当該四半期を含め前四期の移動平均値を使用　3）1980年～1993年のGDPは2011年基準支出側GDP系列簡易遡及を使用　4）2001年以前の就業者数は当該年の年間の就業者数を使用
■出所：内閣府「四半期別GDP速報」、総務省「労働力調査」、厚生労働省「毎月勤労統計調査」より連合作成

3 経済社会のステージを変える〜「働くことを軸とする安心社会」へ舵を切れ〜

　いま、目の前の生活危機・経営危機と構造的な課題の両方に対応することを迫られている。部分最適ではなく全体最適を考えて戦略的に対応することが大切である。

（1）めざすべき社会像の明確化と共有化

　まず、めざすべき社会像[1]を明確にし、個人・企業・政府・団体など社会を構成する多くの行動主体が目的を共有することが必要である。社会に対する不信感や将来不安が高まるほど、「少ない負担で多くの給付を」「リスクを負わずに利益の最大化を」といった意識を変えることは難しいだろう。難局を乗り越えるには、価値観を共有し未来志向でみんなが動いていく必要がある。

　日本社会全体でとらえた負担やリスクの総量が変わらないのだとすれば、将来へのツケを含めて誰かが背負うことになる。場合によっては社会的なコストはより大きなものとなる。例えば、いわゆる就職氷河期世代の問題はその典型と言える。氷河期世代対策として正社員で30万人増やす目標を立てざるを得なくなったにもかかわらず、その目標が実現できていないという現実を教訓としなければならない⬛➤図14。経済問題のみならず、環境や人口減少、地域活性化など解決すべき社会課題も多く、みんなで社会全体のことを考え、誰一人取り残されることのない持続可能で包摂的な社会をめざし、協働する必要がある⬛➤図15。

図14［雇用形態別労働者数の推移］

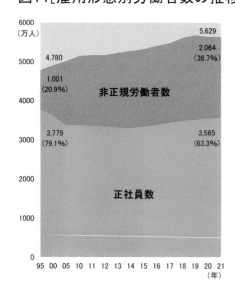

■出所：総務省「労働力調査」

図15［日本人口の年次推移と将来推計］

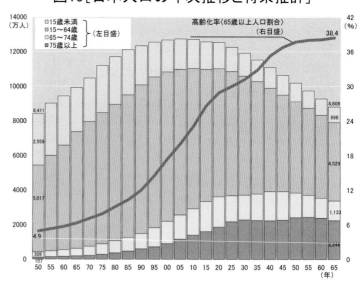

■注　：1950年〜2010年の総数は年齢不詳を含む。高齢化率の算出には分母から年齢不詳を除いている
■出所：2015年までは総務省「国勢調査」、2020年以降は国立社会保障・人口問題研究所「日本の将来推計人口（平成29年推計）」の出生中位・死亡中位仮定による推計結果

---

[1]　連合がめざす「働くことを軸とする安心社会」は、働くことに最も重要な価値を置き、誰もが公正な労働条件のもと、多様な働き方を通じて社会に参加でき、社会的・経済的に自立することを軸とし、それを相互に支え合い、自己実現に挑戦できるセーフティネットが組み込まれている活力あふれる参加型社会である。加えて、「持続可能性」と「包摂」を基底に置き、年齢や性、国籍の違い、障がいの有無などにかかわらず多様性を受け入れ、互いに認め支え合い、誰一人取り残されることのない社会である。

（２）「人への投資」を起点としたステージの転換

　次に、これまで以上に思い切った「人への投資」を政策のど真ん中にすえて、①産業・企業の活力と社会全体の生産性の向上、②デフレマインドの払しょく、③金融財政政策の正常化と通貨価値の安定、④分配構造の転換などをセットで推し進めていく必要がある。輸入インフレに対する対処療法だけでは効果は一時的・限定的であり、日本の経済社会の構造自体を変えていくこととセットで対処することが必要である。そのために、政府は、労使の協力のもと戦略的な絵を描き、ステージの転換を呼びかける大きな旗をふるべきである。

　賃金はコストではなく、付加価値を生み出す原動力である。「人への投資」で生産性と実質賃金を持続的に改善していくことができれば、将来の所得と生活水準上昇への期待値が高まり、デフレの悪循環を断ち切ることができる。それは、賃金上昇を伴う物価上昇が見通せないので異次元の金融緩和を続けている金融政策の転換とも連動している。

　また、成長と分配の好循環を持続的に回していくためには、底上げ・格差是正を進め中間所得層の厚みを増やすことが重要だ。それは、超少子・高齢社会を支え合うためのカギであり、日本社会の持続可能性にも直結するものである。

図16[企業の経常利益・給与・配当金の推移]

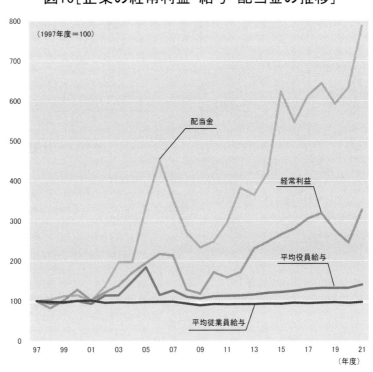

■注　：1) 平均役員給与：（役員給与＋役員賞与）÷期中平均役員数、平均従業員給与：（従業員給与＋従業員賞与）÷期中平均従業員数　2) 資本金10億円以上の日本の企業
■出所：財務省「法人企業統計調査」

（3）あらゆるレベルでの対話と協働

　経済社会のステージの転換には、あらゆるレベルでの対話と協働が必要である。労使間において「生産性三原則」[2]がベースとなるのは言うまでもないが、度重なる大きな経済的ショックによる守りの経営姿勢、グローバルな事業展開・サプライチェーンの影響、株主構成の変化などによって、労働者への分配が後回しになっている企業も少なくない⬛▷図16。

　産業や企業規模によって違いはあるものの全体でみると、2021年度の売上高経常利益率は過去最高の5.8%を記録し、10年前と比べて利益剰余金は1.8倍、現金・預金は1.7倍に増加している（財務省「法人企業統計調査」）。2022年度も売上、経常利益とも引き続き微増の見通しが示されている（日銀「短観」9月調査）。一方、研究開発などを含む無形資産は30年間ほぼ横ばいで、実質賃金は長期低落傾向にある⬛▷図17。世界、日本とも短期・中期的で大きく変動する局面にあって、「人への投資」「将来への投資」を積極的に行うことこそが、産業・企業の活力の再生・強化のカギである。

　労働者が職場や仕事の変化に積極的に対応し意欲をもって働くためには、「頑張れば報われる」という期待と信頼が不可欠である。労働組合だからこそ、働く人の本音を経営者に対等の立場で伝えることができる。これまで積み重ねてきた建設的な労使関係を生かして、産業・企業の将来展望を話し合い、未来に向けた労働条件決定をしていかなければならない。

　また、われわれが直面している課題は、企業内の取り組みだけで解決できるわけではない。すべての働く仲間を視野に入れ、産業構造の変化をはじめとする社会的課題を解決していくには、グローバル、ナショナル、地域、産業などあらゆるレベルでの対話と協働が重要である⬛▷図18。

図17[無形資産投資の国際比較]

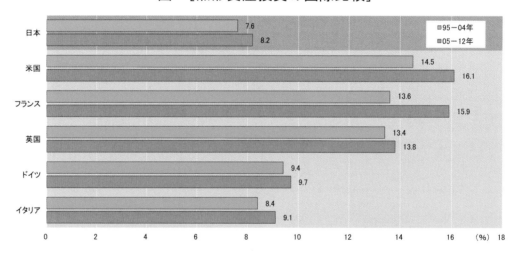

■出所：内閣府「国民経済計算」、JIP2015およびINTAN「Invest database」より学習院大学の宮川努教授作成（「生産性とは何か」（ちくま新書））

---

[2]　生産性三原則は、1995年に公労使3者で確認された：①生産性の向上は、究極において雇用を増大するものであるが、過渡的な過剰人員に対しては、国民経済的観点に立って能う限り配置転換その他により、失業を防止するよう官民協力して適切な措置を講ずるものとする　②生産性向上のための具体的な方式については、各企業の実情に即し、労使が協力してこれを研究し、協議するものとする　③生産性向上の諸成果は、経営者、労働者および消費者に、国民経済の実情に応じて公正に分配されるものとする

図18[分配構造の転換イメージ]

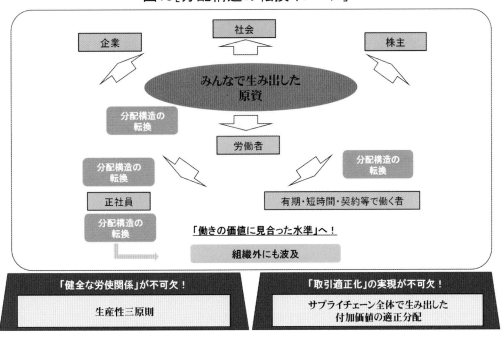

■出所：連合作成

（4）人間性尊重の労働観に根差した労働市場の整備

　労働力は機械と異なり、教育や経験を重ねることでスキルを高め、やりがいや意欲が成果を左右するなどの特徴を持った存在である。だからこそ、「労働は商品ではない」というＩＬＯの精神や「人間は、昨日より今日、今日より明日は成長し、進歩することができる」というヨーロッパ生産性本部の考え方に根ざした人間性尊重の労働観を大切にして、労働慣行や企業の人事賃金制度は築かれてきた。

　またぞろ、雇用の流動性を高めれば生産性の低いところから高いところに人が移動し日本全体の賃金が上がるという意見が浮上している。バブル崩壊以降、何度も繰り返されてきた議論だが、うまくいった試しがない。理由を考察してみると、一つには、産業構造転換と人手不足の問題が混同して論じられがちであること。人手不足の産業・企業では、賃金や労働時間などの労働条件や安全衛生面の課題があることも多く、労働力の流動化では根本的な解決にならない。二つには、新たな投資を含め良質な雇用機会を増やさずに労働力の移動だけで社会全体の生産性が高まるはずもなく、順番が逆であるということ。三つには流動化を前提に「人への投資」をする企業があるのかということ。企業は働き続けてほしいから人材を育成し労働条件改善をするのではないだろうか。人を育てず短期的な報酬で引き抜き使い捨てにしていく企業ばかりが伸びていく社会でよいのだろうか。

　労働者をモノのように扱い移動させるという発想自体が問題であり、まず、労働者自らが「移動したい」と思うような魅力的な産業を育て、処遇や安定した雇用環境を整備することが重要であり、あわせて職業訓練などの雇用対策、生活や住宅のセーフティネット整備が必要である。また、企業横断的な職業能力の評価基準と職種と熟練度などに応じた社会的指標の整備も課題である。

（5）「みんなの春闘」と集団的労使関係の拡大

　労働組合には、健全な集団的労使関係をベースとする労使交渉を通じ、労働条件の改善・格差是正をはかり、労働組合のない職場も含めた労働市場全体に影響力を発揮していく役割がある。

　連合は、月例賃金の引き上げにこだわり、2014闘争以降賃上げの流れを継続・定着させ、法定最低賃金の引き上げもはかってきた。企業規模間格差、雇用形態間格差の是正など労働組合のある職場では一定の前進がはかられているが、日本全体でみた格差は依然として大きい。春季生活闘争を社会的労働条件決定メカニズムとして機能させていくには、仲間を増やし、集団的労使関係を広げていくことが不可欠である。

　連合総研の調査によると、働いている４人に１人が自分の勤め先は「ブラック企業」（違法または悪質な労働条件で働かせ、違法な長時間労働、残業代未払い、パワー・ハラスメント、極端に離職率が高いなどの特徴がある企業）だと感じており▐▶図19、連合には毎年１万件以上の労働相談が寄せられている。こうした社会状況のなかで、労働組合への期待も大きく、半分以上の人が労働組合は必要だと考えている▐▶図20。

　こうした潜在的な期待にこたえるべく、「みんなの春闘」の取り組みも通じて、労働組合の存在意義をアピールし、仲間づくりに結び付けていく必要がある。

図19［勤め先が「ブラック企業」だと思う比率］

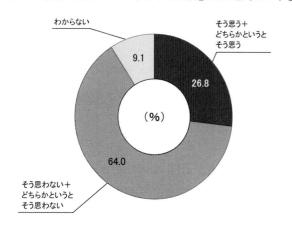

わからない　9.1
そう思う＋どちらかというとそう思う　26.8
そう思わない＋どちらかというとそう思わない　64.0
（%）

■出所：連合総研「第38回勤労者短観」（2019年10月）

図20［労働組合は必要だと思う比率］

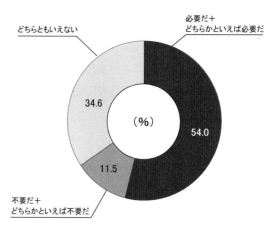

どちらともいえない　34.6
必要だ＋どちらかといえば必要だ　54.0
不要だ＋どちらかといえば不要だ　11.5
（%）

■出所：連合「多様な社会運動と労働組合に関する意識調査2021」（2021年4月）

4 2023春季生活闘争の意義と役割

Ⅰ 視点と考え方

（1）「未来づくり春闘」の深化

　2022春季生活闘争では、コロナ禍にあっても、中期的視点をもって未来への一歩を踏み出す決意を込めて「未来づくり春闘」を提起した。「未来づくり」とは、経済成長や企業業績の後追いではなく、産業・企業、経済・社会の活力の原動力となる「人への投資」を起点として、今の延長線上にある未来を変え、経済の好循環を力強く回していくことをめざすものである。短期的な視点からの労働条件決定にとどまらず、20年以上にわたる賃金水準の低迷、その中で進行してきた不安定雇用の拡大と中間層の収縮、貧困や格差の拡大などの中期的な分配構造の転換を射程に入れた方針であった。

　2023春季生活闘争でも、この「未来づくり春闘」の基本的なフレームは変わらない。この基本フレームに、急性インフレと慢性デフレが重なった物価上昇への対応という新たな要素を加えて方針を組み立てた点が2023闘争の特徴と言える。2022闘争では、「人への投資」と月例賃金にこだわった交渉によって、賃上げの流れが広がり格差是正も一歩前進した図21。この交渉経過を土台として、今次闘争では、物価上昇によって働く仲間の生活が苦しくなっていることも踏まえ、より一層の賃上げの広がりと高さを実現しなければならない。

　加えて、前節において提起したとおり、目の前の輸入インフレへの対処だけでなく、20年来のデフレマインド（長きにわたるデフレの経験によって定着した、物価や賃金が上がりにくいことを前提とした考え方や慣行）を断ち切り、経済社会のステージを変えることをめざしている。今次闘争において、デフレマインドがこびりついた停滞と地盤沈下のステージから、積極的な「人への投資」によって実質賃金が継続的に上昇し経済が安定的に上昇するステージへと変えることができれば、新たなマクロ環境のもとで中期的な分配構造の転換を推し進めることができる。

　短期の視点、中期の視点、マクロの視点から「未来づくり春闘」を深化させ、みんなの力で社会を動かし、未来を切り拓いていこう。

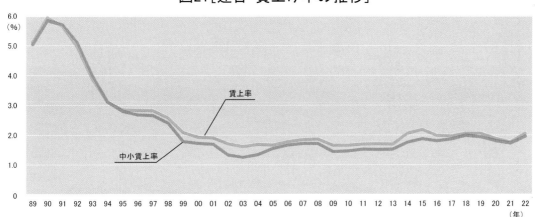

図21［連合・賃上げ率の推移］

■注　：1989～2022年のデータは、すべて6月末時点の最終集計結果
■出所：連合作成

（2）賃上げ

引き続き、「人への投資」と月例賃金にこだわり、持続的な賃上げでわが国の実質賃金を中期的に向上させることをめざす。

①要求の根拠

a．国際的に見劣りのする賃金水準の改善

国際的に見劣りする日本の賃金水準を中期的に引き上げていく必要がある。1990年代後半以降、わが国の実質賃金が上がっていない一方、主要国は年１～２％ずつ上昇し、その結果、賃金水準の相対的位置が低下している▷図22。わが国全体の生産性は、コロナ禍による稼働率の低下などの影響はあるものの実質１％弱伸びており、生産性の中期トレンドを考慮した賃上げを継続的に行い、賃金水準の回復をめざす必要がある。

b．労働市場における賃金の動向

超少子・高齢化により生産年齢人口の減少が不可避であるなか、将来にわたり人材を確保・定着させ、わが国全体の生産性を高めていくには、継続的な「人への投資」が重要である。2022年度の地域別最低賃金は３％強引き上げられ、労働市場における募集賃金は上昇を続けている。同業他社との比較や同一地域の賃金相場に見劣りせず優位性を持てる賃金水準を意識して賃金を決める必要がある。

c．物価を上回る可処分所得増の必要性

消費者物価は２％を超え実質賃金はマイナスで推移している。賃金が物価に追いつかない状況が長く続けば、内需の６割を占める個人消費が落ち込み、世界経済の減速と相まって深刻な不況を招く恐れがある▷図23。マクロ的には物価を上回る可処分所得増をめざす必要がある。

d．労働者への分配増と格差是正

わが国の賃金水準の低下は一様に進行したわけではなく、中小企業におけるより大きな賃金低下、相対的に賃金水準の低い有期・短時間・契約等で働く人の増加によるところが大きい。また、依然として男女間の賃金差も大きい。全体として労働側への分配を厚くし、企業規模間、雇用形態間、男女間の格差是正について、さらに前進させる必要がある。

図22［実質賃金上昇率の国際比較］

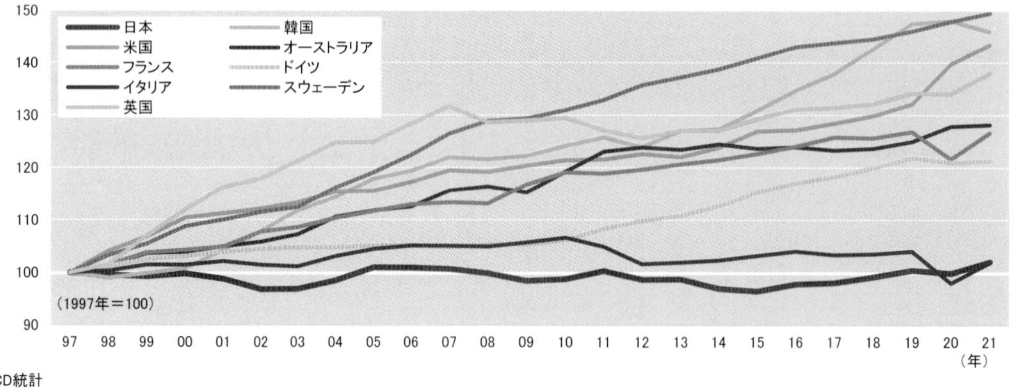

凡例：日本、韓国、米国、オーストラリア、フランス、ドイツ、イタリア、スウェーデン、英国

(1997年＝100)

■出所：OECD統計

図23[コロナ禍からの個人消費回復の国際比較]

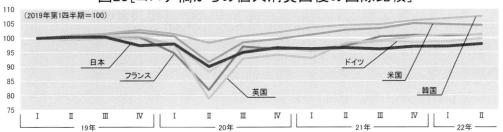

■出所：内閣府「四半期別GDP速報」、内閣府「海外経済データ」

②月例賃金の改善にこだわる理由

月例賃金は、最も基本的な労働条件であり、社会的な水準を考慮して決める必要がある。所定内賃金で生活できる水準を確保するとともに、「働きの価値に見合った水準」[3]に引き上げることをめざす必要がある。

所得階層別に見ると、下位20％の勤労者世帯では、家計を切りつめても「勤め先収入」と給付金や子ども手当などの「社会保障給付」だけでは生活費が賄えず、赤字になっている状況にある 図24。

日本総研の山田久副理事長の試算では、所定内給与と特別給与（一時金等）の増加分のうち消費に回る割合は、所定内給与の方が特別給与より高い 図25。また、政府による給付金は一時的な消費引き上げ効果はあるものの、安心してくらしを維持していくためには、低すぎる給与を増やしていくことこそが必要である。

デフレマインドを払しょくし、わが国の消費全体を回復・増加させるには、月例賃金の改善にこだわり「底上げ」「底支え」「格差是正」をより強力に推し進め、恒常所得を増やしていくことが王道である。

図24[勤労者世帯の家計収支]

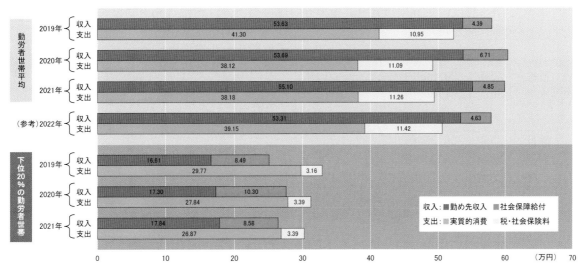

■注　：1)「社会保障給付」は「社会保障給付」「特別収入」の合計、「実質的消費」は「消費支出」「保険料」「土地家屋借金返済」「他の借金返済」に「クレジット購入借入金純減」をプラスにした数値の合計　2) 2022年の支出・収入については8月までの平均値
■出所：総務省「家計調査：家計収支編（二人以上の世帯）」より連合作成

---

[3] 賃金の「働きの価値に見合った水準」とは、経験・技能・個人に備わった能力などに見合った賃金水準のこと。企業規模や雇用形態、男女間で違いが生じないことを共通の認識とする。

③持続的な賃上げの重要性

　国際的に見劣りのする賃金水準の改善や格差是正は、継続的に賃上げを積み上げ中期的に実現をはかる必要がある。賃上げを継続し、改善幅を拡大していくには、マクロ的に１％に達していない生産性の向上も重要であり、その点からも「人への投資」「未来への投資」をこれまで以上に強化していく必要がある。

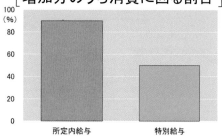

図25 所定内給与・特別給与の増加分のうち消費に回る割合

■注　：日本総研「山田久副理事長推計」（2016年２月）
■出所：内閣府「国民経済計算」、総務省「家計調査」、厚生労働省「毎月勤労統計調査」「国民生活基礎調査」

④底上げ、底支え、格差是正の考え方と賃金要求指標パッケージ

　2023闘争における「底上げ」「底支え」「格差是正」の考え方と賃金要求指標パッケージは以下のとおりである。

〈「底上げ」「底支え」「格差是正」の取り組みの考え方〉

	目的	要求の考え方
底上げ	産業相場や地域相場を引き上げていく	定昇相当分＋賃上げ分 （→地域別最低賃金に波及）
格差是正	企業規模間、雇用形態間、男女間の格差を是正する	・社会横断的な水準を額で示し、その水準への到達をめざす ・男女間については、職場実態を把握し、改善に努める
底支え	産業相場を下支えする	企業内最低賃金協定の締結、水準の引き上げ （→特定最低賃金に波及）

〈賃金要求指標パッケージ〉

底上げ		各産業の「底上げ」「底支え」「格差是正」の取り組み強化を促す観点とすべての働く人の生活を持続的に維持・向上させる転換点とするマクロの観点から、賃上げ分を３％程度、定昇相当分（賃金カーブ維持相当分）を含む賃上げを５％程度とする。	
格差是正		規模間格差是正	雇用形態間格差是正
	目標水準	35歳：290,000円 30歳：261,000円	・昇給ルールを導入する。 ・昇給ルールを導入する場合は、勤続年数で賃金カーブを描くこととする。 ・水準については、「勤続17年相当で時給1,750円・月給288,500円以上」となる制度設計をめざす
	最低到達水準	35歳：266,250円 30歳：243,750円 企業内最低賃金協定1,150円以上	企業内最低賃金協定1,150円以上
底支え		・企業内のすべての労働者を対象に協定を締結する。 ・締結水準は、生活を賄う観点と初職に就く際の観点を重視し、「時給1,150円以上」をめざす。	

　連合の示す「底上げ」の要求目標は、「賃上げ分３％程度」「定期昇給相当分（賃金カーブ維持相当分）を含め５％程度」である。内閣府の年央見通し（2022年度実質ＧＤＰ2.0％、消費者物価2.6％）や日本全体の生産性上昇率のトレンド（１％弱）を念頭に、国際的に見劣りのする賃金水準の改善、労働市場における賃金の動向、物価を上回る可処分所得増の

必要性、労働者への分配増などを総合的に勘案し、2022闘争までの目標水準より引き上げた。

「格差是正」の水準目標については、賃金実態（公的統計、連合調査）を踏まえて見直した。連合集計ではこの7年間、中小の賃上げ分が大手を上回っているものの、賃金水準の格差は依然として大きく、引き続き格差是正をはからなければならない▷P.81。

「底支え」の水準目標については、2021年6月時点の最低生計費（連合リビングウェイジ）にその後の物価上昇分を加味して水準をチェックするとともに、初任給水準とあわせて総合勘案し、2022闘争と同水準とした。

法定最低賃金を引き上げ、すべての労働者の賃金を底支えすることも重要である。われわれの賃上げ結果は、地域別最低賃金の決定に影響を与え、企業内最低賃金協定は特定（産業別）最低賃金の決定を左右する。連合の調査では、企業内最低賃金協定を締結している組合は5割程度にとどまっている。まず、すべての組合が最低賃金協定の要求を提出し労使交渉のテーブルに載せる必要がある▷P.85。

⑤有期・短時間・契約等で働く仲間の処遇改善

春季生活闘争は、働くみんなのためにある▷図26。有期・短時間・契約等で働く仲間の組織化と相まって、要求組合数、賃上げの成果とも着実に前進してきた。2017闘争から直近2022闘争まで、有期・短時間・契約等の賃上げ率はフルタイムで働く組合員の平均を上回る成果をあげている。また、2021年4月から中小企業にも同一労働同一賃金の法律が適用されたこと、全体的に人手不足が続くなかで人材の確保・定着が課題となっていることなどから、賃金制度の整備や一時金・福利厚生などについて要求・交渉する組合も増えている。物価高によって生活が苦しくなっている仲間も多く、働きの価値に見合った賃金水準をめざし、格差是正を一層強力に進めていかなければならない。

なお、就労調整の課題についても政府で検討する動きがあり、連合としても働き方に中立的な社会保険、税制、賃金制度のあり方について検討していく。

図26[「みんなの春闘」と賃金決定の波及メカニズム]

⑥適正な価格転嫁等の取り組み

　物価の上昇は中小企業などに大きな影響を与えており、企業規模間格差是正を進めるためには、サプライチェーン全体で生み出した付加価値の適正分配や適切な価格転嫁によるサプライチェーン全体でのコスト負担が必須である▶図27、28。

　下請中小企業振興法にもとづく「振興基準」の2022年度改正において「労務費、原材料費、エネルギー価格等が上昇した下請事業者から申出があった場合、遅滞なく協議を行うこと」「賃金の引上げが可能となるよう、十分に協議して取引対価を決定すること」などが新たに盛り込まれたことや、政府の「パートナーシップによる価値創造のための転嫁円滑化施策パッケージ」にもとづき、下請Gメンによるヒアリング、重点立入調査、調査結果の経営者へのフィードバックの取り組みなどが進められていることを踏まえ対応していく必要がある▶P.82。

　また、労働組合の立場からも「パートナーシップ構築宣言」のさらなる拡大に取り組む必要がある。「パートナーシップ構築宣言」とは、①サプライチェーン全体の共存共栄と新たな連携、②「振興基準」の遵守、特に、取引適正化の重点5分野（価格決定方式、型管理の適正化、現金払の原則の徹底、知財・ノウハウの保護、働き方改革に伴うしわ寄せ防止）に重点的に取り組むことを「代表権のある者の名前」で宣言するものであり、その実効性を高めるため2022年より社内担当者・取引先に宣言を浸透させることが追加された。宣言企業数は12月6日現在16,791社で、大企業では1割程度に過ぎず、業界による濃淡もある。

　埼玉県では2022年9月に価格転嫁円滑化の実現に向け、産官労金の連携協定を締結し、パートナーシップ構築宣言の実効性を高めるための地域レベルでの取り組みを展開している▶P.33。また、中小企業振興基本条例の制定などの動きも広がりつつある。先行事例を参考に取り組みを波及させていくことも重要である。

　大企業と中小企業が互いに価値を認め合い共存共栄し、そこで働く者が働きの価値に見合った労働条件を実現できるよう、連合本部、構成組織、地方連合会が連携して取り組んでいこう。

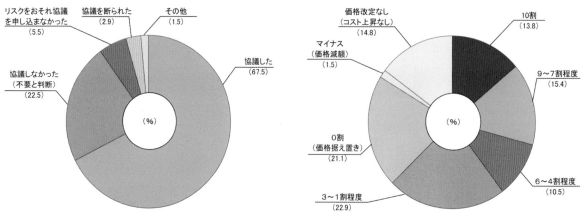

図27[価格交渉の協議]

図28 ［コスト上昇分のうち価格転嫁できた割合（コスト全般）］

■注　：調査時点の直近6ヵ月間の状況
■出所：中小企業庁「価格交渉促進月間（2022年3月）フォローアップ調査結果」より連合作成

⑦前段・通年の取り組みとして、労使協議と賃金実態把握を

　厚生労働省「労使間の交渉等に関する実態調査」（2020年）によると、2017〜2020年の間に団体交渉や労使協議など何らかの労使間の交渉を持った労働組合のうち、賃金・退職給付に関して交渉・協議した組合が74.9％だったのに対し、経営に関する事項では41.0％にとどまっている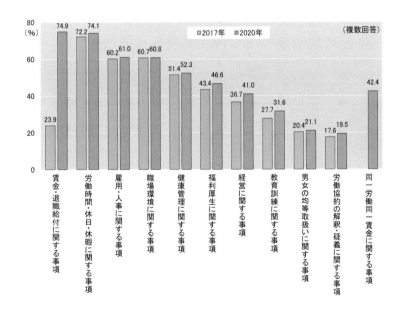図29。コロナ禍も相まって、雇用や労働条件にも影響を与える可能性が高まっており、労働組合は労使協議などを通じて、産業や企業の現状と見通しに関する情報、今後の経営計画などについて常に把握しておく必要がある。それは労働組合の交渉力強化にもつながる。そのうえで、労使で合意した事項は、働く者の権利や労働条件を守るという観点で非常に強い効力を持つ労働協約としてきちんと締結しておく必要がある。

　また、労働組合が個人別の賃金実態を把握することも重要である。自らの賃金実態を構成組織や連合・地方連合会が示す社会的な賃金指標や生計費の指標などと比較することではじめて、是正すべき格差を具体的にとらえ、めざすべき目標を設定することができる。連合「労働条件等の点検に関する調査（全単組調査）」（2021年度速報値）では、約3分の1が「把握できていない」と回答しており、改めて賃金実態把握の強化をはかる必要がある図30。

図29 ［過去3年間における何らかの労使間の交渉があった事項別割合］

図30 ［労働組合による個人別賃金実態の把握状況］

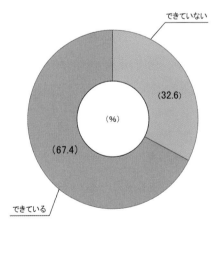

■注 ：1）過去3年間とは2017年7月1日から2020年6月30日までをいう　2）2017年調査は「同一労働同一賃金に関する事項」を調査していない　3）教育訓練、福利厚生等を含む
■出所：厚生労働省「労使間の交渉等に関する実態調査」（2020年）

■出所：連合「労働条件等の点検に関する調査（全単組調査）」（2021年度）より連合作成

　日本の自動車産業は、これまでも、グローバル規模での競争環境の激化や少子化による人口減少に伴う国内市場の縮小などといった、厳しい状況に置かれていた。加えて昨今、ＣＡＳＥ、ＭａａＳという言葉に象徴されるように、内燃機関を搭載した自動車が登場して以来100年に１度の大変革期にあるとされ、取り巻く環境は一層困難を極め、かつ、その先行きも見通せない状況にあると言える。

　このような時だからこそ、自動車産業の労使は、日本経済の情勢や中堅・中小企業の置かれた状況など、産業基盤に対する危機感を共有し、互いの役割を発揮することで、すそ野の広い産業全体の底上げをはかる必要がある。この認識のもと、自動車総連は、2016年に自動車産業全体のバリューチェーンの重要性に光をあてた取り組みとして、付加価値の「WIN-WIN最適循環運動」を始めた（図１）。この取り組みでは、「産業内の適正取引促進」「生産性・付加価値の向上」「人材確保に向けた産業の魅力向上」「地域における協力強化」の４項目について、日本自動車工業会をはじめとする経営団体と意見交換を実施し、各労連・単組における具体的な取り組みにつなげていった。

　３年間の集中期間を終え、2019年に一旦区切りを付けたあとも、適正取引促進に向けた活動や業種別部会での議論を続けてきた。車体・部品部会における「型取引の適正化」に向けた取り組みもそのひとつであり、取引実態に関する職場へのヒアリングにもとづき、自動車部品工業会とその後の取組方針について議論を重ねた。

　このように、産業内の取引適正化に向けた取り組みを継続してきたものの、中小企業庁が2022年２月に公表した「価格交渉促進月間フォローアップ調査の結果について」における「価格転嫁の達成状況に関する業種別ランキング」では、「自動車・自動車部品」は全16業種中14位であり（図２）、これまでの取り組みがいまだ道半ばであることを痛感せざるを得ない結果であった。

　また、時を同じくして、原材料価格やエネルギーコストの高騰、半導体不足に伴い生産が安定しないことから発生する過剰なコスト負担など、車体・部品部門に所属する労働組合を中心に、会社や職場の厳しい窮状を訴える声があげられ始めた。

図1［付加価値の「WIN-WIN最適循環運動」］

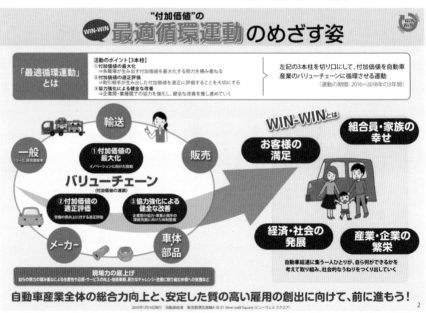

■出所：自動車総連作成

これらの声を受け、自動車総連は、各労連の「メーカー」「車体・部品」「輸送」「販売」各業種に対し、価格転嫁の状況や過度な負担を強いられてはいないかという観点でヒアリングを実施した。業種により温度差はあるものの、いずれの業種・労連からも、価格転嫁を含め付加価値の適正循環に向けた取り組みが必要であるとの意見が寄せられた。

こうした背景のもと、組織内で論議を行い、取引適正化に向けた取り組みを、ステップを踏みながら中長期的スパンで行っていくことを確認した（図３)。

ステップ１「認識合わせ・情報発信」では、総連から各労連や単組に対して、自動車産業における取り引きの実態や取引適正化に向けた取り組みの必要性を発信し認識合わせを進めることとしている。その中では、関係省庁などから講師を招き、勉強会を行うことも検討している。また、自動車部品工業会をはじめとする経営者団体とも取り引きの実態や互いの取り組みについて意見交換を行うなど、産業労使間での認識合わせも並行して進めていく。

続いてステップ２「実態把握」では、各労連を中心にヒアリングやアンケートなどを通じて取り引きの状況や実態を把握することとしている。取り組みの目的は、取引実態にもとづいた具体的に取り組むべき課題を見出していくことである。

最後にステップ３「労使議論」では、自動車総連は経営者団体と、各労連はメーカーや車体・部品会社の調達部門・輸送部門などと、ステップ２で見出した課題の解決に向けた取り組みについて議論を進め、労使が連携した取り組みにつなげていくとしている。

すでにステップ３に取り組み始めている労連もあれば、改めてステップ１から実施している労連もあるなど、取組状況は様々である。しかしながら、中小企業を含めた国内自動車産業全体が持続的に成長し、かつ、そこで働くことに魅力を感じられる職場をつくっていくためには、「付加価値の適正循環」の取り組みが必要不可欠であり、産業が一体となった継続的な取り組みが重要である。

加えて、自動車総連では、「取引の適正化を含めた付加価値の最適循環は、産業全体に賃金・働き方や処遇の改善を波及させていくために必要である」ということを各労連と確認し合ったうえで、2023年の総合生活改善の取り組み方針の論議を進めている。

「お互いが生み出した付加価値を認め合い、適正に評価する」。一朝一夕に解決する問題ではないが、この取り組みが産業で働く仲間の働き方や処遇の改善につながるという強い思いを共有し、自動車総連、各労連および加盟単組が一丸となって根気強く進めていきたい。

図２［価格転嫁の達成状況に関する業種別ランキング］

順位	業種	順位	業種
1位	金属	9位	電気・情報通信機器
2位	放送コンテンツ	10位	建材・住宅設備
3位	化学	11位	流通・小売
4位	素形材	12位	機械製造
5位	紙・紙加工	13位	建設
6位	食品製造	14位	自動車・自動車部品
7位	情報サービス・ソフトウェア	15位	印刷
8位	繊維	16位	トラック運送

■出所：中小企業庁「価格交渉促進月間フォローアップ調査の結果について」（2022年）

図３［具体的な取り組み（サマリー）］

方向性	具体的な取り組み	備考
① 認識合わせ 情報発信	○**総連→自工会への要請など、産別労使の取り組み強化** ○総連→労連、部会での議論、情報発信 ○労連→単組での議論、情報発信	・各会議体での議論推進 ・セミナー勉強会開催 ・価格交渉月間などの発信（SNS活用）
② 実態把握	○総連→他産別、労連へのヒアリング ○労連→単組へのヒアリング ○総連→関係省庁へのヒアリング	・他産別との連携 ・経産省（中企庁）、公取委などとの連携 ・組織内連携
③ 労使議論	（※ベースは労使の信頼関係が前提） ○総連→経営者オルグ、経営者団体労使会議など ○労連→労使会議など ○単組→労使会議など	・既存の労使イベント活用

取り組みの一歩としてキックオフ

付加価値の適正評価に向けて取り組んでいく

■出所：自動車総連作成

　日本紙加工産業労働組合協議会（以下、「紙加労協」）は、紙加工産業全般、とりわけ段ボール産業を中心とした14組織で構成される。2023年3月27日には結成50周年を迎える。

　紙加労協は産業政策実践活動をはじめた1982年から毎年、提言集「ＴＥＩＧＥＮ」を発刊し、段ボール産業の企業や業界団体へ向けて、働く者の目線から「もっと魅力ある産業になるためにはどうすればいいか」、様々な提言を行ってきている。この40年間発信し続けてきた提言は、次の3点に集約される：

◎段ボール産業の企業は適正な利益水準を確保できる価格で段ボールを販売し、再生産可能な収益を確保すること。

◎段ボール産業の企業は収益を上げて、賃金などの労働条件を向上させ、他産業との労働条件の格差を解消すること。

◎段ボール産業が永続していくために、働く人が流した汗が報われ、夢を持ち続けられる産業にすること。

　段ボールは機能性、経済性に加え環境調和性に優れた地球環境に優しい素材であり、様々な包装資材がある中で、段ボールが永年にわたり主役であり続けている理由がここにある。しかし、社会の中で必要不可欠な存在でありながらも、それに見合った収益を確保できていないのが現状といえる。段ボールはもともと、付加価値額の低い素材である。にもかかわらず、市場におけるユーザーからの値下げ要請や同業者間のシェア争いにより、安易に価格を下げてしまうという状況がまだまだ存在している。

　2022年2月におよそ3年ぶりとなる段ボール原紙の価格改定が実施され、9月にもさらなる価格改定が行われたことを受け、段ボール各社は製品価格改定に奔走している。これまでの段ボール原紙や段ボール製品の価格改定を振り返ってみると、段ボール原紙価格は、一部に下落はみられるものの基本的には上昇傾向である。一方で、段ボール製品の価格は下落と上昇を繰り返しており、結果的に同水準にとどまっている。もし段ボール製品が段ボール原紙と同様の価格推移になっていたならば、安全に対する労働環境の整備や労働条件の改善はもっと進んでいたはずである。

　少子高齢化に伴う労働力人口減少といった構造的な問題によって、国内需要の成長には限界があることから、これからの経営には量より質の成長を追求していくことが求められる。紙加労協は、「量から質へ」「価格を守る姿勢の継続」がより良い産業に不可欠だと従来から訴えてきた。量を守ることは大事だが、ユーザーに対して、加工賃や付加価値を加味した価格設定こそがもっと大事であると訴え続けていきたい。

[段ボール製品の平均価格・段ボール原紙の価格推移]

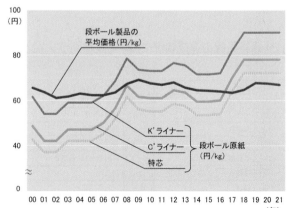

コラム　埼玉県「価格転嫁の円滑化に関する協定」について〈連合埼玉〉

【締結の経緯とねらい】

　埼玉県では、新型コロナウイルス感染症と共存できる強い埼玉県経済を公労使で作っていく必要性に鑑み、2020年度に産・官・学・金・労のメンバーによる「埼玉県の強い経済の構築に向けた埼玉県戦略会議」（以下、埼玉県戦略会議）を設置した。連合埼玉においては、労働団体の立場で参画している。

　2022年度の埼玉県戦略会議においては、コロナ禍の経済・雇用への影響に加え、エネルギー・原材料価格高騰によるコスト増に悩む県内事業者から価格転嫁円滑化の要請を受けて協議した結果、全国で初めて、埼玉県、国（関東経済産業局、関東財務局、埼玉労働局）、経済6団体（埼玉県商工会議所連合会、埼玉県商工会連合会、埼玉県中小企業団体中央会、埼玉県経営者協会、埼玉経済同友会、埼玉中小企業家同友会）、金融（埼玉県銀行協会）、労働（連合埼玉）の12団体により、「価格転嫁の円滑化に関する協定」（以下、協定）が締結された。

　今回の協定の締結は、産・官・金・労の各団体が相互に連携・協力して価格転嫁の気運を醸成するためのキャンペーンを実施し、価格転嫁しやすい環境を作ることをねらいとしている。

【協定の内容】

　協定は、「成長と分配の好循環を生み出すべく、中小企業における賃上げを実現するため、…〈中略〉…労務費、原材料費、エネルギーコスト等の上昇分を適切に価格転嫁することについての気運を醸成することにより、サプライチェーン全体での共存共栄、付加価値の向上を図り、もって県内中小企業、小規模事業者の稼げる力を高めること」を目的としている。

　具体的な内容としては、価格転嫁の気運醸成に向けて、①価格転嫁の状況に関する情報収集と発信、②価格転嫁の円滑化に関する支援情報等の周知、③パートナーシップ構築宣言の促進を、締結団体が相互に連携して実施するとしている。

【連合埼玉としての取り組み】

　連合埼玉では、今回の協定書の締結を執行委員会に報告して情報共有し、構成組織に周知活動をお願いしている。

　今後は、中小企業における価格転嫁の円滑化と同時に賃上げを実現することが必要であることから、2023春季生活闘争を通じて、各労使における交渉の中で「価格転嫁の円滑化」の気運とともに「賃上げ」への気運も高める取り組みが必要と認識している。

[埼玉県戦略会議　調印式]

I 視点と考え方

（3）「働き方」の改善

　連合の春季生活闘争は「総合生活改善闘争」であり、「働き方の改善」は「賃上げ」「政策・制度実現の取り組み」と並んで3本柱の1つである。職場の環境は企業により様々であり、労働組合が取り組むべき事項も、すべての労働者の雇用安定、職場における均等・均衡待遇実現、60歳以降の高齢期における雇用と処遇、人材育成と教育訓練の充実、テレワーク、障がい者雇用、中小企業、有期・短時間・派遣等で働く労働者の退職給付制度の整備など、多岐にわたる。ここでは、法改正などを受けて今次闘争で特に注意が必要な項目を中心に紹介する。

【長時間労働の是正】

　連合主要組合の2021年の年間総労働時間（速報値）は1983時間で、2年連続で2000時間を下回った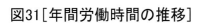図31。コロナ禍を受けての操業調整等が依然影響していると考えられるが、引き続きすべての労働者が豊かで社会的に責任を果たしうる生活時間（16時間以上／日）の確保と「年間総実労働時間1800時間」の実現に向けて取り組みを続ける必要がある。

【月60時間超時間外の割増賃金率50%の中小企業への適用】

　中小企業においては、2023年4月から月60時間超の時間外労働に対する割増賃金率50%が適用される■▷図32。2010年の労働基準法改正で「当分の間」適用が猶予されていたものが、2019年の「働き方改革」関連法施行でようやく適用になるものである。労働組合としても現状確認と、必要な場合には割増率の引き上げを確実に行うべく、取り組みが必要である。

【社会保険の適用拡大】

　短時間労働者に対する厚生年金保険および健康保険の適用対象企業が、2022年10月から常時101人以上を雇用する企業に拡大されている。労働組合は、適用されるべき短時間労働者に対する適用漏れがないか、また企業が適用を回避しようとして労働条件の不利益変更を強いていないか、確認が必要である。また100人以下の企業であっても労使合意があれば適用可能であり、短時間労働者の年金受給権確立に向けて、企業および労働者双方の理解を得るべく粘り強く取り組む必要がある。

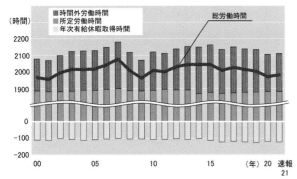

図31［年間労働時間の推移］

■注　：数字は毎調査年における主要組合の加重平均
■出所：連合「労働条件調査」（主要組合）

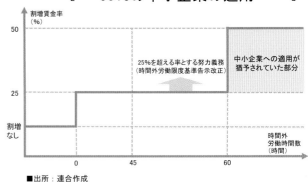

図32　月60時間超時間外の割増賃金率　50%の中小企業の適用

■出所：連合作成

（４）ジェンダー平等・多様性の推進

　世界経済フォーラムが2022年７月に公表した最新の「ジェンダーギャップ指数」では、日本は146ヵ国中116位と低位にとどまる。同指数は「経済」「教育」「健康」「政治」の４分野のデータから作成されるが、日本は「経済」および「政治」で順位が低い。「経済」分野では、前年の117位から121位に下がったが、その要因の一つが男女間の賃金格差である。

　ＯＥＣＤデータでフルタイム労働者の賃金中央値をみると、男性を100とした場合、女性は77.5であり、先進７ヵ国中最低である。

　とりわけ、コロナ禍において、従前から存在していた男女間賃金格差はより拡大しており、女性の占める割合が多い非正規雇用の不安定さが顕著になるなど、生活面での影響は大きい。

　女性活躍推進法の省令改正で、男女の賃金の差異の把握・公表が義務付けになったことを踏まえ、職場における男女間賃金格差の是正に取り組むことで、非正規雇用も含めたすべての働く女性の格差是正と貧困の解消につなげなければならない。

（５）運動の両輪としての政策・制度実現の取り組み

　2023春季生活闘争における運動の両輪として、政策・制度実現の取り組みを引き続き推し進める。具体的には、現下の経済・社会情勢を踏まえ、「働くことを軸とする安心社会－まもる・つなぐ・創り出す－」の実現に向けた政策課題について、政府・政党・各議員への働きかけ、審議会対応、連合アクションやキャンペーンを通じた世論喚起など、連合本部・構成組織・地方連合会が一体となって幅広い運動を展開する。

> 1）現下の経済・社会情勢を踏まえた2023年度予算編成と2023年度税制改正実現の取り組み（税による所得再分配機能の強化、「給付付き税額控除」の仕組み構築など）
> 2）価格転嫁や取引の適正化につながる諸施策の実効性を高める取り組み
> 3）すべての人が安心して働き暮らせるよう、社会保障制度の充実・確保に向けた取り組み（年金、医療・介護、子ども・子育て支援など）
> 4）すべての労働者の雇用の安定・人への投資拡充に向けた取り組み
> 5）あらゆるハラスメント対策と差別禁止の取り組み
> 6）学校職場における教職員の負担軽減の取り組み

⑤ おわりに

　賃上げに対する社会的注目度が例年以上に高まるなかで、連合は、2023春季生活闘争の方針策定に向けた議論を例年より前倒しでスタートさせた。これに対して、政府や日銀、経済界などからも賃上げの必要性についての発言が行われるなど、2023年春の労使交渉に向けた動きがすでに始まっている。政府は、「物価上昇率をカバーする賃上げを目標にして労使で議論いただくことを期待する」（物価高克服・経済再生実現のための総合経済対策、2022年10月28日）とし、日銀も、「金融緩和を継続することで、我が国経済をしっかりと支え、賃金の上昇を伴う形で2％の物価安定の目標を持続的、安定的に実現することをめざしてまいります」（衆議院財政金融委員会、2022年11月18日）というスタンスである。

　一方、とりまく情勢の動きは振れ幅が大きくなっている。為替レートは短期間に大きく乱高下し、消費者物価も上昇を続けている。2022年12月に成立した第2次補正予算と総合経済対策では、消費者物価を1.2％程度抑制する物価高対策が盛り込まれ、2023年1月より実施される見通しである。その政策効果も含めて経済動向を注視しておく必要がある。また、不安定な国際情勢を反映して、G20などを通じた主要国の政策協調が従来と比べ難しくなっている。

　振れ幅が大きい局面にあるからこそ、政労使が、中期的・マクロ的な視点から問題意識を共有し、社会に向けて一定の方向感を発信していくことが重要である。マクロとミクロをつないで企業・個人の意識と行動を変えていく役割を意識的に果たしていかなければ、日本社会は未曽有の危機に落ちる恐れがある。いまこそ、「未来づくり春闘」を深化させ、「人への投資」を起点として経済のステージを変え、バブル崩壊以降の長年の課題を解決する好機としなければならない。

　連合は、2022年12月の中央委員会で「物価・生活危機に対する緊急アピール」を決議し、「賃上げ実現・くらし支援　あしたを変える連合緊急アクション」をスタートさせた。政府・自治体に対して、生活に困難を抱える人々への支援、雇用と生活のセーフティネットの充実強化、子育てに関わる負担軽減など、生活危機から人々を守る政策の早急かつ着実な実施とともに、すべての働く人を視野に入れた社会全体での賃上げに向けた機運醸成に向けた活動を全国で展開していく。

　建設的な労使関係をベースとした労働運動の真価を発揮する時である。労働組合が前に出て、国民生活全体の維持・向上をはかる「けん引役」を果たしていかなければならない。くらしをまもり、未来をつくっていこう。

コラム　日本の賃金はなぜ上がりにくくなったのか？

　日本の賃金水準はいまだに1997年の水準を超えられずにいる。人手不足の状況に突入してからすでに数年経過しているが、賃金上昇は緩やかなものにとどまっており、欧米諸国やアジア新興国の賃金動向とは対照的である。なぜ日本の賃金は上がりにくくなったのか。2022年6月にＪＩＬＰＴが公表したディスカッションペーパー（以下、「ＤＰ」）「コロナ禍・中長期における賃金の動向と賃金の上方硬直性に係る論点整理」をベースに、1990年代後半以降、日本の賃金決定に何が起こっているのか考えてみよう。

　同ＤＰは、賃金総額を一般労働者とパート労働者に区分し、時間当たり賃金と労働時間の長期変動を分析している。パート労働者においては時間当たり賃金が一貫して上昇しているのに対し、一般労働者の時間当たり賃金は景気の波に対応して上下し、1998年以降は上がりにくくなっている。

　▶資料編P.111図13は1995年からの一般労働者の現金給与総額（名目）の変動要因を分解したものである。景気後退局面において特別給与（一時金）の大幅な下落がみられる一方、所定内賃金の減少幅は相対的に小さい。また、景気拡張局面では特別給与（一時金）とともに所定内賃金が上昇しているが、90年代と比べるとその上昇幅が小さいことがわかる。

　ＤＰは先行研究も整理し、①グローバル化や外国人株主・機関投資家による企業ガバナンスへの影響、不確実性の増大など企業を取り巻く環境変化、②定年延長など賃金カーブの変化、③労働組合の交渉力と波及力の低下などとともに、④名目賃金の下方硬直性による上方硬直性も一因としている。賃金の下方硬直性とは、景気後退局面でも名目賃金が下がりにくいという経済理論上の概念である。この賃金の下方硬直性ゆえに過去の経済ショック時に賃金調整が十分できなかったという経験と、期待成長率の低下・不確実性の高まりによる将来の賃金調整リスクの回避が、賃金が上がりにくい状況（上方硬直性）の原因ではないかと分析している。

　日本の賃金は、国際的にみると、所定内賃金では下方硬直性があるが、一時金などを含めた年間給与でみれば米国やドイツなど主要国よりも下方硬直性の度合いは弱い▶資料編P.112図14。

　一時金を下げる時は大幅で戻す時は小幅、所定内賃金はより少ない幅でしか上げないという賃金決定が日本の賃金を上がりにくくしている。積極的な「人への投資」によって経済社会の活力を高めるとともに守りの賃金決定を見直し、生産性の中期トレンドに見合った所定内賃金の持続的改善と一時金による短期調整を組み合わせ、日本の賃金決定のいい面を生かしていく必要がある。

コラム	「ジョブ型雇用」に関する報道について

　「2022連合白書」では「ジョブ型雇用」というワードが共通の定義もないまま都合よく使われていること、欧米型の雇用慣行とも異なることなどを紹介した。本年は改めて、報道の多くが日本的経営姿勢や雇用全体への影響を視野に入れず、人事処遇制度の技術論に終始しているという点からコメントしておく。

1．いわゆる日本的経営との関係

　経済産業省「人材版伊藤レポート2.0」（2022年5月）は、いわゆる日本的経営を問い直すなかで「人材は『管理』の対象ではなく、その価値が伸び縮みする『資本』なのである。企業側が適切な機会や環境を提供すれば人材価値は上昇」するとし、人事部門の世界に閉じこもった「管理思考」を批判している。言葉だけが独り歩きしている「ジョブ型」「日本型の職務給」報道も、ある意味その延長線上にあるのではないか。

　米国などアングロサクソン型の企業では、経営者と労働者は入り口から分離されており、経営層や管理職のポストを希望する人は1社にこだわらず個人のキャリア形成を積みポスト獲得をめざす傾向がある。一方、労働者は契約した時間、契約した仕事だけを行い、契約した賃金を得るというドライな関係である。

　伝統的な日本企業では、社長までつながる内部昇進の職業キャリアを展望した雇用慣行を軸として、複数の雇用区分を組み合わせている場合が多い。いわゆるブルーカラーとホワイトカラー、学歴間などの賃金差が相対的に小さい。

　各国の賃金制度の特徴は、経営者と従業員、従業員同士の関係など企業のあり方に根ざして形成されてきた。その見直しに際しては、環境変化に対応する経営戦略やそれに必要な人材の確保・育成・活用のあり方、経営者と従業員のコミュニケーションのあり方なども視野に入れた現実的な議論が必要である。

2．若年層の雇用への影響、社会全体の底上げなど

　欧米では若年者失業が構造的な問題となっている。学校教育から就業への移行が日本よりうまくいっていないからである。日本では、欧米に比べ初任給を低く抑えつつ、企業内での人材育成と活用を長期的に考え処遇する企業が多いのに対し、欧米の「ジョブ型」では仕事に人をつけるので、学校を出たばかりの職業未経験者は不利だと言われている。国によって雇用慣行が異なり、それぞれにメリット・デメリットがある。「ジョブ型」の議論の際は、日本の雇用全体への影響も考えておく必要がある。

　なお、報道を見ていると、大企業のホワイトカラーの働き方を念頭においた「ジョブ型」論が多いと感じる。日本社会全体の生産性を底上げするという観点からすれば、中小企業で働く人や有期・短時間・契約等労働者、女性労働者などに政策的な焦点を当て、雇用の安定、キャリアアップの仕組み、働きの価値に見合った処遇を実現することこそが喫緊の課題である。

II

2023
春季生活闘争

闘争方針

2023春季生活闘争方針

2023春季生活闘争スローガン：くらしをまもり，未来をつくる。

Ⅰ．2023春季生活闘争の意義と基本スタンス

1．「未来づくり春闘」でデフレマインドを断ち切り、ステージを変えよう

世界経済はコロナ禍のマイナス成長から回復を続けてきたが、ロシアのウクライナ侵攻や米中関係の変化など不安定な国際情勢のもとで、欧米主要国ではインフレが進行しており景気後退に入る可能性もある。

わが国においても働く人の暮らしは厳しさを増しているが、欧米主要国と比べ、個人消費が低迷しコロナ禍からの回復スピードが遅い、また、急性インフレと慢性デフレが重なっている[1]など、状況に違いがある。企業・家計のデフレマインド（長きにわたるデフレの経験によって定着した、物価や賃金が上がりにくいことを前提とした考え方や慣行）が根強く残っている中での輸入物価の上昇は、家計においては賃金が物価上昇に追いつかないなど、企業部門においては適切な価格転嫁が進まないなどの問題を引き起こしている。

それぞれの企業・個人が短期的な自己利益を追求していけば、スタグフレーション（不況下の物価高）に陥りかねない。社会全体で中期的・マクロ的な視点から問題意識を共有し、ＧＤＰも賃金も物価も安定的に上昇する経済へとステージを転換し望ましい未来をつくっていくことが必要だ。マクロとミクロをつないで企業・個人の意識と行動を変えていくのは容易ではないが、みんなが一歩を踏み出さなければ流れを変えることはできない。それはまた、国際的に見劣りする日本の賃金水準、マクロの生産性と賃金の乖離、実質賃金の長期低下傾向、格差拡大など、バブル崩壊以降の長年の課題を解決するための必要条件でもある。

国内外情勢（グローバルサプライチェーンのほころび、人口減少の長期トレンド、ＧＸへの対応など産業構造の変化など）が変化する中で、将来を見据えた成長基盤を確立・強化することも喫緊の課題である。経済の後追いではなく、経済・社会の原動力となる「人への投資」[2]をより一層積極的に行うとともに、国内投資の促進とサプライチェーン全体を視野に入れた産業基盤強化などにより、日本全体の生産性を引き上げ、成長と分配の好循環を持続的・安定的に回していく必要がある。変化する環境の下にあるからこそ、産業・企業の将来展望を話し合い、未来に向けた労働条件決定をしていかなければならない。

今次闘争では「未来づくり春闘」[3]を深化させ、国・地方・産業・企業の各レベルでこうした問題意識の共有化に努め、ステージを変える転換点とする必要がある。そのためには働く仲間の力を結集し、社会的うねりを主体的につくっていかなければならない。連合はその先頭に立って運動をけん引していく。

なお、コロナ禍による影響が続いている産業や需要がコロナ禍前に戻らない産業があることなども踏まえ、お互いのおかれた状況の違いを理解しあい、力を合わせて春季生活闘争を推進する。

---

[1] 渡辺努東京大学大学院経済学研究科教授によれば、日本は、1990年代後半からの「慢性デフレ」を克服できないうちに、2021年後半からエネルギー価格等海外発の「急性インフレ」が出来してしまっている状況である。

[2] 「人間は、昨日より今日、今日より明日は成長し、進歩することができる」という人間性尊重の労働観に基づき、将来の付加価値を生み出すために行っている労働条件の改善やスキルアップなど幅広くとらえる。一部職種の人材確保目的などに限定されるものではない。とりわけ賃金をはじめとする労働条件は、労働者のモラールと満足度を高めるうえで重要である。

[3] 連合の正式な用語は「春季生活闘争」であるが、組織外への発信に向けて短くなじみやすい表現として「春闘」を用いる。

2．「働くことを軸とする安心社会」に向け、格差是正と分配構造の転換に取り組もう

　2022春季生活闘争では、賃上げの流れが広がり、規模間、雇用形態間、男女間の格差是正の取り組みや様々な働き方の改善の取り組みも進んだが、依然道半ばであり、さらなる前進をはかる必要がある。

　物価上昇によって働く仲間の生活は苦しくなっており、賃上げへの期待は大きい。とりわけ、生活がより厳しい層への手当てが不可欠であり、規模間、雇用形態間、男女間の格差是正を強力に進める必要がある。

　企業内での格差是正の取り組みに加え、サプライチェーン全体で生み出した付加価値の適正分配や適切な価格転嫁によるサプライチェーン全体でのコスト負担を通じ企業を超えて労働条件の改善に結びつけること、スキルアップや良質な雇用への転換などを通じ、社会全体の生産性と労働条件の底上げをはかることも重要である。

　いまこそ、バブル経済崩壊以降積み重なってきた、不安定雇用の拡大と中間層の収縮、貧困や格差の拡大など分配のゆがみを是正し、労働者・株主・取引先・社会などに対して責任ある企業行動を促し、これまでの分配構造を変えていかなければならない。

　誰もが安心・安全に働くことができ、個々人のニーズにあった多様な働き方ができるように、引き続き、長時間労働是正、有期・短時間・契約等労働者の雇用安定や処遇改善、60歳以降の雇用と処遇、テレワークの導入、障がい者雇用の取り組み、ハラスメント対策など、働き方の改善に取り組む必要がある。

　物価上昇局面における税制改正も含めた総合的な対策、適正な価格転嫁のための環境整備と持続性の確保、GX、DXを含めた産業構造転換への対応、将来にわたるエネルギーの安定供給、引き続きの感染防止対策と業況の厳しい産業への支援など、政策面での対処が不可欠な状況となっており、政府の責任ある対応が求められる。

　こうした点を踏まえ、①賃上げ、②働き方の改善、③政策・制度実現の取り組みを柱とする総合生活改善闘争の枠組みのもと、産業状況の違いを理解しあいながら、中期的視点を持って「人への投資」と月例賃金の改善に全力を尽くす。

3．「みんなの春闘」[4]を展開し、集団的労使関係を広げていこう

　引き続き、生産性三原則にもとづく建設的な労使交渉を通じ、成果の公正な分配をはかり、労働条件の向上を広く社会に波及させていく。社会的影響力を高めるには、より多くの働く仲間を結集することが必要であり、多様な働く仲間を意識した取り組み展開ができるよう工夫する。

　春季生活闘争は、労働組合の存在意義をアピールできる場でもある。組織化と連動し、集団的労使関係を社会に広げていく機会とする。すべての働く仲間を視野に入れ、産業構造の変化をはじめとする社会的課題を解決していくには、企業労使間の交渉のみならず、国・地域・産業レベルでの政労使の対話が不可欠である。あらゆる機会を通じて対話を重ね相互理解を深めていく。

Ⅱ．2023春季生活闘争取り組みに向けた基盤整備

1．サプライチェーン全体で生み出した付加価値の適正分配

　企業規模間格差是正を進めるためには、サプライチェーン全体で生み出した付加価値の適正分配や適切な価格転嫁によるサプライチェーン全体でのコスト負担が必須である。産業の特性に合わせ、働き方も含めた「取引の適正化」を確実に進める。

　下請中小企業振興法にもとづく「振興基準」の2022年度改正において「労務費、原材料費、エネルギー価格等が上昇した下請事業者から申出があった場合、遅滞なく協議を行うこと」「賃金

---

[4]　連合の正式な用語は「春季生活闘争」であるが、組織外への発信に向けて短くなじみやすい表現として「春闘」を用いる。

の引上げが可能となるよう、十分に協議して取引対価を決定すること」などが新たに盛り込まれたことや、政府の「パートナーシップによる価値創造のための転嫁円滑化施策パッケージ」にもとづき重点的な取り組みが進められていることなどを踏まえ対応していく必要がある。

労働組合の立場からも「パートナーシップ構築宣言」のさらなる拡大に取り組む。価格転嫁や取引の適正化などにつながる実効性が肝要であり、連合は構成組織・地方連合会と連携し「未来を拓くパートナーシップ構築推進会議」への参画などを通じ、取り組み結果のフォローアップの実施や必要な意見反映を行う。また、闘争の前段において、格差是正フォーラムを開催（11月14日）するとともに、政府への要請活動や経営者団体との懇談会などを通じ、支援策の拡充と実効性を高める取り組みを加速させる。

2. 賃金水準闘争を強化していくための取り組み

労働組合は、自らの賃金実態を把握し、構成組織等が掲げる賃金水準をはじめとする社会的な賃金指標や生計費の指標と比較することで是正すべき格差を把握し、めざすべき目標を設定する。連合「地域ミニマム運動」等への参画を通じて、組合員の賃金実態を把握する。

構成組織は、加盟組合による個人別賃金データの収集・分析・課題解決に向けた支援を強化する。同時に、地域における産業別賃金相場の形成を視野に入れて、「地域ミニマム運動」への積極的参画体制を整えるため、地方連合会と連携していく。

3. 雇用の維持・創出、社会的セーフティネットの維持・強化

コロナ禍の影響や産業構造の変化などによる雇用への影響に対して、連合は、政策・制度面から引き続き取り組むとともに、大きな影響を受けている構成組織などとも連携をはかりながら、交渉の環境づくりに取り組む。

構成組織や加盟組合においては、労使協議等を通じ、産業や企業の現状と見通しに関する情報や今後の計画などについて十分把握し、必要な対応をはかる。

4. 集団的労使関係の輪を広げる取り組み

組織化は労使交渉の大前提であり、2023春季生活闘争がめざすところの実現に不可欠である。春季生活闘争の取り組みを通じ、労働組合の意義と集団的労使関係の重要さについて社会にアピールするとともに、仲間づくりにつなげていく。

職場における労使協定の締結や過半数代表制の運用の適正化に向けた職場点検活動の徹底を働きかけるとともに、地域の中小・地場企業などにもその重要性を周知し、組織強化・拡大につなげる。

フリーランス、「曖昧な雇用」で働く仲間を含め、すべての働く仲間をまもりつなげ、社会全体の底上げをはかる運動を推進する。

Ⅲ. 2023春季生活闘争の取り組み内容

1. 賃金要求

（1）賃上げについての考え方

国際的に見劣りする日本の賃金水準を中期的に引き上げていく必要がある。90年代後半以降、わが国の実質賃金が上がっていない一方、主要国は年1〜2％ずつ上昇し、その結果、賃金水準の相対的位置が低下している。わが国全体の生産性は、コロナ禍による稼働率の低下などの影響はあるものの実質1％弱伸びており、生産性の中期トレンドを考慮した賃上げを継続的に行い、賃金水準の回復をめざす必要がある。

超少子・高齢化により生産年齢人口の減少が不可避である中、将来にわたり人材を確保・定着

させ、わが国全体の生産性を高めていくには、継続的な「人への投資」が重要である。2022年度の地域別最低賃金は３％強引き上げられ、労働市場における募集賃金は上昇を続けており、同業他社との比較や同一地域の賃金相場に見劣りせず優位性を持てる賃金水準を意識した賃金決定が求められる。また、企業業績は産業や企業規模などによって違いがあるものの全体でみれば高い水準（「法人企業統計」）で推移しており、傷んだ労働条件を回復させ「人への投資」を積極的に行うべき局面にある。

　わが国の賃金水準は、依然として1997年時点の水準を回復していない。2014年以降の賃上げで名目賃金は緩やかな上昇に転じたものの、物価を加味した実質では停滞している。2022年度においては消費者物価が２％を超え実質賃金はマイナスで推移している。賃金が物価に追いつかない状況が長く続けば、内需の6割を占める個人消費（約300兆円）が落ち込み、世界経済の減速とあいまって深刻な不況を招くおそれがある。マクロ的には物価を上回る可処分所得増をめざす必要がある。

　「分配構造の転換につながり得る賃上げ」という視点も重要である。わが国の賃金水準の低下は一様に進行したわけではなく、中小企業におけるより大きな賃金低下、相対的に賃金水準の低い有期・短時間・契約等で働く人の増加によるところが大きい。また、依然として男女間の賃金差も大きい。全体として労働側への分配を厚くし、企業規模間、雇用形態間、男女間の格差是正について、さらに前進させる必要がある。そのためには、「Ⅱ．2023春季生活闘争取り組みに向けた基盤整備」で掲げているサプライチェーン全体で生み出した付加価値の適正分配や賃金水準闘争を強化していくための取り組みが重要である。

（2）具体的な要求目標とその位置づけ

　連合は、わが国の経済社会の全体状況を踏まえ、すべての働く仲間を視野に入れ、連合の大きな旗のもとに結集して社会を動かす力（社会的メッセージの発信、賃金相場の形成と波及、相乗効果）を発揮できるよう、具体的な要求目標の目安を示す。

　構成組織は、社会的役割を踏まえ、それぞれの産業状況や賃金水準の現状などを加味して要求基準を策定する。

　地方連合会は、連合本部の方針を基本に地域の状況を反映し、中小・地場組合の交渉支援と地域レベルでの賃金相場の形成と波及、情報発信に取り組む。

　連合は、月例賃金について、産業相場や地域相場を引き上げていく「底上げ」のための「上げ幅の指標」と、「格差是正」と賃金の「底支え」を念頭においた「水準の指標」の目安を示す。月例賃金にこだわるのは、これが最も基本的な労働条件であり、社会的な水準を考慮して決めるべき性格のものだからである。所定内賃金で生活できる水準を確保するとともに、「働きの価値に見合った水準」[5]に引き上げることをめざす必要がある。

〈「底上げ」「底支え」「格差是正」の取り組みの考え方〉

	目的	要求の考え方
底上げ	産業相場や地域相場を引き上げていく	定昇相当分＋賃上げ分 （→地域別最低賃金に波及）
格差是正	企業規模間、雇用形態間、男女間の格差を是正する	・社会横断的な水準を額で示し、その水準への到達をめざす ・男女間については、職場実態を把握し、改善に努める
底支え	産業相場を下支えする	企業内最低賃金協定の締結、水準の引き上げ （→特定最低賃金に波及）

---

[5]　賃金の「働きの価値に見合った水準」とは、経験・技能・個人に備わった能力などに見合った賃金水準のこと。企業規模や雇用形態、男女間で違いが生じないことを共通の認識とする。

〈賃金要求指標パッケージ〉

底上げ	各産業の「底上げ」「底支え」「格差是正」の取り組み強化を促す観点とすべての働く人の生活を持続的に維持・向上させる転換点とするマクロの観点から、賃上げ分を3％程度[6]、定昇相当分（賃金カーブ維持相当分）を含む賃上げを5％程度とする。		
格差是正		規模間格差是正	雇用形態間格差是正
	目標水準	35歳：290,000円 30歳：261,000円[7]	・昇給ルールを導入する。 ・昇給ルールを導入する場合は、勤続年数で賃金カーブを描くこととする。 ・水準については、「勤続17年相当で時給1,750円・月給288,500円以上」[8]となる制度設計をめざす。
	最低到達水準	35歳：266,250円 30歳：243,750円[9] 企業内最低賃金協定1,150円以上	企業内最低賃金協定1,150円以上
底支え	・企業内のすべての労働者を対象に協定を締結する。 ・締結水準は、生活を賄う観点と初職に就く際の観点を重視し、「時給1,150円以上」[10]をめざす。		

1）中小組合の取り組み（企業規模間格差是正）

①多くの中小企業は、物価高騰のもとで収益が圧迫され、同時に人手不足に直面している。その中で格差是正を前進させることが課題である。「Ⅱ．2023春季生活闘争取り組みに向けた基盤整備」を前提に、賃上げに取り組む。

②賃金カーブ維持分は、労働力の価値の保障により勤労意欲を維持する役割を果たすと同時に、生活水準保障でもあり必ずこれを確保する。賃金カーブ維持には定期昇給制度が重要な役割を果たす。定期昇給制度がない組合は、人事・賃金制度の確立を視野に入れ、労使での検討委員会などを設置して協議を進めつつ、定期昇給制度の確立に取り組む。構成組織と地方連合会は連携してこれらの支援を行う。

③すべての中小組合は、上記にもとづき、賃金カーブ維持相当分（1年・1歳間差）を確保した上で、自組合の賃金と社会横断的水準を確保するための指標（上記および別紙2「連合の賃金実態」）を比較し、その水準の到達に必要な額を加えた総額で賃金引き上げを求める。また、獲得した賃金改善原資の各賃金項目への配分等にも積極的に関与する。

④賃金実態が把握できないなどの事情がある場合は、連合加盟中小組合の平均賃金水準（約25万円）と賃金カーブ維持分（1年・1歳間差）をベースとして組み立て、連合加盟組合平均賃金水準（約30万円）との格差を解消するために必要な額を加えて、引き上げ要求を設定する。すなわち、賃金カーブ維持分（4,500円）の確保を大前提に、連合加盟組合平均水準の3％相当額との差額を上乗せした金額9,000円を賃上げ目標とし、総額13,500円以上を目安に賃上げを求める[11]。

---

[6] 内閣府の年央見通し（2022年度実質GDP2.0％、消費者物価2.6％）や日本全体の生産性上昇率のトレンド（1％弱）を念頭に、国際的に見劣りのする賃金水準の改善、労働市場における賃金の動向、物価を上回る可処分所得増の必要性、労働者への分配増などを総合的に勘案。

[7] 賃金水準検討プロジェクト・チーム（賃金PT）答申（2019年8月7日）を踏まえ、2021年賃金センサス産業計・男女計・学歴計・企業規模計・勤続年数計の、35歳は30～34歳275,800円および35～39歳305,000円から、30歳は25～29歳246,200円および30～34歳275,800円から算出。

[8] 2021年賃金センサスの「賃金センサスのフルタイム労働者の平均的な所定内賃金の平均値」291,844円（時間額1,769円・2021年賃金センサス所定内実労働時間数全国平均165時間）から時給1,750円を設定し、月額に換算して算出。

[9] 1年・1歳間差を4,500円、35歳を勤続17年相当、30歳を勤続12年相当とし、時給1,150円から積み上げて算出。

[10] 別紙1「連合リビングウェイジ2022簡易改訂版総括表」（単身成人1,141円）、および2021年賃金センサス一般労働者新規学卒者の所定内給与額高校（産業計・男女計・企業規模計）179,700円（時間額1,089円）を総合勘案して算出。

[11] 別紙2「連合の賃金実態」参照。

2）雇用形態間格差是正の取り組み

①有期・短時間・契約等で働く者の労働諸条件の向上と均等待遇・均衡待遇確保の観点から、企業内のすべての労働者を対象とした企業内最低賃金協定の締結をめざす。締結水準については、時給1,150円以上をめざす。

②有期・短時間・契約等で働く者の賃金を「働きの価値に見合った水準」に引き上げていくため、昇給ルールの導入に取り組む。なお、昇給ルールを導入する場合は、勤続年数で賃金カーブを描くこととし、水準については、「勤続17年相当で時給1,750円・月給288,500円以上」となる制度設計をめざす。

（3）男女間賃金格差および生活関連手当支給基準の是正

男女間における賃金格差は、勤続年数や管理職比率の差異が主要因であり、固定的性別役割分担意識等による仕事の配置や配分、教育・人材育成における男女の偏りなど人事・賃金制度および運用の結果がそのような問題をもたらしている。

改正女性活躍推進法にもとづく指針には「男女の賃金の差異」の把握の重要性が明記された。これに加え、女性活躍推進法の省令が改正され、301人以上の企業に対して「男女の賃金の差異」の把握と公表が義務づけられた。これらを踏まえ、企業規模にかかわらず男女別の賃金実態の把握と分析を行うとともに、問題点の改善と格差是正に向けた取り組みを進める。

1）賃金データにもとづいて男女別・年齢ごとの賃金分布を把握し、「見える化」（賃金プロット手法等）をはかるとともに、勤続年数なども含む賃金格差につながる要因を明らかにし、問題点を改善する。

2）生活関連手当（福利厚生、家族手当等）の支給における住民票上の「世帯主」要件は実質的な間接差別にあたり、また、女性のみに住民票などの証明書類の提出を求めることは男女雇用機会均等法で禁止されているため廃止を求める。

（4）初任給等の取り組み

1）すべての賃金の基礎である初任給について社会水準[12]を確保する。

2）中途入社者の賃金を底支えする観点から、年齢別最低到達水準についても協定締結をめざす。

（5）一時金

1）月例賃金の引き上げにこだわりつつ、年収確保の観点も含め水準の向上・確保をはかることとする。

2）有期・短時間・契約等で働く労働者についても、均等待遇・均衡待遇の観点から対応をはかることとする。

2．「すべての労働者の立場にたった働き方」の改善

日本は構造的に生産年齢人口が減少の一途をたどっており、コロナ禍から経済が再生していく過程においても、「人材の確保・定着」と「人材育成」に向けた職場の基盤整備が重要であることに変わりはない。

したがって、豊かな生活時間とあるべき労働時間の確保、すべての労働者の雇用安定、均等・均衡待遇実現、人材育成と教育訓練の充実など、「すべての労働者の立場にたった働き方」の改善に向けて総体的な検討と協議を行う。

また、企業規模によって、法令の施行時期や適用猶予期間の有無、適用除外となるか否かが異なる[13]が、働き方も含めた取引の適正化の観点も踏まえ、取り組みの濃淡や負担感の偏在が生じないよう、すべての構成組織・組合が同時に取り組むこととする。

---

[12] 別紙2「連合の賃金実態」参照。
[13] 別紙3「人数規模により対応が異なる労働関係法令」参照。

（1）長時間労働の是正
　1）豊かな生活時間とあるべき労働時間の確保
　　　すべての働く者が「生きがい」「働きがい」を通じて豊かに働くことのできる社会をめざし、豊かで社会的責任を果たしうる生活時間の確保と、「年間総実労働時間1800時間」の実現に向けた労働時間短縮の取り組みによる安全で健康に働くことができる職場の中で最大限のパフォーマンスが発揮できる労働時間の実現とを同時に追求していく。
　2）改正労働基準法に関する取り組み[14]
　　　労働者の健康確保が労働時間制度の大前提であるとの認識のもと、時間外労働の上限規制を含む改正労働基準法等の職場への定着促進および、法の趣旨に沿った適切な運用の徹底をはかる観点から、以下に取り組む。
　　　取り組みにあたっては、過半数代表者および過半数労働組合に関する要件・選出手続等の適正な運用に取り組む。

> ①３６協定の締結・点検・見直し（限度時間を原則とした締結、休日労働の抑制）および締結に際しての業務量の棚卸しや人員体制の見直し
> ②すべての労働者を対象とした労働時間の客観的な把握と適正な管理の徹底
> ③労働時間制度（裁量労働制や事業場外みなしなど）に関する運用実態の把握および適正運用に向けた取り組み（労使協定・労使委員会、健康・福祉確保措置の実施状況、労働時間の点検）
> ④年次有給休暇の100％取得に向けた計画的付与の導入等に関する取り組み
> ⑤月60時間超の時間外労働に対する割増賃金率50％の中小企業への適用開始（2023年４月）に向けた周知徹底および確実な引き上げに向けた取り組み

（2）すべての労働者の雇用安定に向けた取り組み
　　雇用の原則は「期間の定めのない直接雇用」であることを踏まえ、雇用形態にかかわらず、すべての労働者の雇用の安定に向けて取り組む。
　　また、新型コロナウイルス感染症の影響が継続している産業・企業を含め、企業の経営状況等について把握するとともに、雇用の維持・確保に向け労使で協議を行う。有期・短時間・派遣労働者に加え、障がい者、新卒内定者、外国人労働者などの雇用維持についても、同様に労使で協議する。

> 1）有期雇用労働者の雇用の安定に向け、労働契約法18条の無期転換ルールの周知徹底および、無期転換回避目的や新型コロナウイルス感染症の影響等を理由とした安易な雇止めなどが生じていないかの確認、通算期間５年経過前の無期転換の促進、正社員転換の促進などを進める。
> 2）派遣労働者について、職場への受入れに関するルール（手続き、受入れ人数、受入れ期間、期間制限到来時の対応など）の協約化・ルール化をはかるとともに、直接雇用を積極的に受入れるよう事業主に働きかけを行う。

（3）職場における均等・均衡待遇実現に向けた取り組み[15]
　　同一労働同一賃金に関する法規定の職場への周知徹底をはかるとともに、職場の有期・短時間・派遣労働者の労働組合への加入の有無を問わず、均等・均衡待遇実現に向け取り組む。
　　無期転換労働者のうち短時間労働者についてはパート有期法に関する取り組みを徹底する。フルタイム無期転換労働者については均等・均衡待遇実現のため法の趣旨にもとづき短時間労働者と同様の取り組みを進める。

---

[14] 改正労基法等（時間外労働の上限規制、年次有給休暇等）のポイントと労働組合の取り組み（2018年９月21日第14回中央執行委員会確認）参照。
[15] 同一労働同一賃金の法整備を踏まえた労働組合の取り組み（【パート・有期編】2018年12月20日第17回中央執行委員会確認、【労働者派遣編】2019年４月18日第21回中央執行委員会確認）参照。

1）有期・短時間労働者に関する取り組み

①正規雇用労働者と有期・短時間で働く者の労働条件・待遇差の確認
②（待遇差がある場合）賃金・一時金や各種手当等、個々の労働条件・待遇ごとに、その目的・性質に照らして正規雇用労働者との待遇差が不合理となっていないかを確認
③（不合理な差がある場合）待遇差の是正
④有期・短時間労働者の組合加入とその声を踏まえた労使協議の実施

2）派遣労働者に関する取り組み

①派遣先労働組合の取り組み
 a)正規雇用労働者と派遣労働者の労働条件・待遇差を確認する
 b)派遣先均等・均衡待遇が可能な水準での派遣料金設定や派遣元への待遇情報の提供など、事業主に対する必要な対応を求める
 c)食堂・休憩室・更衣室など福利厚生施設などについて派遣労働者に不利な利用条件などが設定されている場合は、是正を求める
②派遣元労働組合の取り組み
 a)待遇情報の共有や待遇決定方式に関する協議を行う
 b)待遇決定方式にかかわらず比較対象労働者との間に不合理な格差等がある場合には、是正を求める
 c)有期・短時間である派遣労働者については、上記1）の取り組みについて確認（比較対象は派遣元の正規雇用労働者）

（4）人材育成と教育訓練の充実

　教育訓練は、労働者の技術・技能等の向上やキャリア形成に資することはもちろん、企業の持続的な発展にもつながる大切な取り組みであり、労使が話し合いの上で推進すべきものである。特に、短時間・有期等の雇用形態で働く労働者の雇用安定に向けては、能力開発など人材育成の充実が欠かせない。

　付加価値創造の源泉である「働くことの価値」を高めていくためにも、職場を取り巻く様々な状況を踏まえながら、人材育成方針の明確化や、教育訓練機会の確保・充実、教育訓練休暇制度の創設、教育訓練を受けやすい環境整備など、雇用形態にかかわらず、広く「人への投資」につながるよう労使で協議する。

（5）60歳以降の高齢期における雇用と処遇に関する取り組み[16]

　働くことを希望する高齢期の労働者が、年齢にかかわりなく安定的に働ける社会の構築に向けて環境を整備していく必要がある。

　60歳以降も、希望者全員がやりがいを持ち、健康で安心して働くことができる環境整備に取り組む。

1）基本的な考え方

①60歳～65歳までの雇用確保のあり方
 ・65歳までの雇用確保は、希望者全員が安定雇用で働き続けることができ、雇用と年金の接続を確実に行う観点から、定年引上げを基軸に取り組む。
 ・なお、継続雇用制度の場合であっても、実質的に定年引上げと同様の効果が得られるよう、65歳までの雇用が確実に継続する制度となるよう取り組む。あわせて、将来的な65歳への定年年齢の引上げに向けた検討を行う。
②65歳以降の雇用（就労）確保のあり方
 ・65歳以降の就労希望者に対する雇用・就労機会の提供については、原則として、希望者全員が「雇用されて就労」できるように取り組む。

---

[16]　60歳以降の高齢期における雇用と処遇に関する取り組み方針（2020年11月19日第14回中央執行委員会確認）参照。

> ・高齢期においては、労働者の体力・健康状態その他の本人を取り巻く環境がより多様となるため、個々の労働者の意思が反映されるよう、働き方の選択肢を整備する。
> ③高齢期における処遇のあり方
> ・年齢にかかわりなく高いモチベーションをもって働くことができるよう、働きの価値にふさわしい処遇の確立とともに、労働者の安全と健康の確保をはかる。

2）改正高年齢者雇用安定法の取り組み（70歳まで雇用の努力義務）[17]

> ①同一労働同一賃金の法規定対応の確実な実施（通常の労働者と定年後継続雇用労働者をはじめとする60歳以降の短時間（パート）・有期雇用で働く労働者との間の不合理な待遇差の是正）
> ②健康診断等による健康や体力の状況の把握と、それに伴う担当業務のマッチングの実施
> ③働く高齢者のニーズを踏まえた労働時間をはじめとする勤務条件の改善や、基礎疾患を抱える労働者などの健康管理の充実の推進
> ④高齢化に伴い増加がみられる転倒や腰痛災害等に対する配慮と高年齢労働者の特性を考慮した職場環境改善
> ⑤労働災害防止の観点から、高齢者に限定せず広く労働者の身体機能等の向上に向けた「健康づくり」の推進と安全衛生教育の充実

（6）テレワーク導入にあたっての労働組合の取り組み[18]

　　テレワークの導入あるいは制度改定にあたっては、次の考え方をもとに取り組みを行う。

　　なお、テレワークに適さない業種や職種に従事する労働者については、感染リスクを回避した環境整備、労働時間管理、健康確保措置など、啓発や適切な措置を講じるものとする。

> 1）テレワークは、重要な労働条件である「勤務場所の変更」にあたるため、「テレワーク導入に向けた労働組合の取り組み方針」の「具体的な取り組みのポイント」を参考に実施の目的、対象者、実施の手続き、労働諸条件の変更事項などについて労使協議を行い、労使協定を締結した上で就業規則に規定する。その際、情報セキュリティ対策や費用負担のルールなどについても規定する。なお、テレワークの導入・実施にあたっては、法律上禁止された差別等にあたる取り扱いをしてはならないことにも留意する。
> 2）テレワークに対しても労働基準関係法令が適用されるため、長時間労働の未然防止策と作業環境管理や健康管理を適切に行うための方策をあらかじめ労使で検討する。
> 3）テレワークの運用にあたっては、定期的な社内モニタリング調査や国のガイドラインの見直しなども踏まえ、適宜・適切に労使協議で必要な改善を行う。

（7）障がい者雇用に関する取り組み[19]

　　障害者雇用率制度のあり方や、障害者雇用における環境整備などを含む「障害者雇用の促進に向けた連合の考え方」[20]にもとづき、以下に取り組む。

> 1）障害者雇用促進法にもとづく法定雇用率が、2021年3月から2.3％（国・地方自治体2.6％、教育委員会2.5％）に引き上げられたことを踏まえ、障がい者が安心して働くことができるように、障害者雇用率の達成とともに、職場における障がい者の個別性に配慮した雇用環境の整備に取り組む。
> 2）事業主の責務である「障がい者であることを理由とした不当な差別的取扱いの禁止」、「合理的配慮の提供義務」、「相談体制の整備・苦情処理および紛争解決の援助」について、労働協約・就業規則のチェックや見直しに取り組む。
> 3）ＩＣＴ等を活用した在宅勤務や短時間勤務など、障がい特性等に配慮した働き方の選択肢

---

[17] 改正高年齢者雇用安定法を踏まえた労働組合の取り組みについて（2020年9月17日第12回中央執行委員会確認）参照。
[18] テレワーク導入に向けた労働組合の取り組み方針（2020年9月17日第12回中央執行委員会確認）参照。
[19] 「改正障害者雇用促進法」に関する連合の取り組みについて（2015年8月27日第23回中央執行委員会確認）参照。
[20] 障害者雇用の促進に向けた連合の考え方について（2021年6月17日第21回中央執行委員会確認）参照。

を増やし、就労拡充・職域拡大をはかる。
4）雇用の安定やキャリア形成の促進をはかることを目的に、能力開発の機会を確保するよう取り組む

（8）中小企業、有期・短時間・派遣等で働く労働者の退職給付制度の整備

1）企業年金のない事業所においては、企業年金制度の整備を事業主に求める。その際、企業年金制度は退職給付制度であり、賃金の後払いとしての性格を有することから、確実に給付が受けられる制度を基本とする。
2）「同一労働同一賃金ガイドライン」の趣旨を踏まえ、有期・短時間・派遣等で働く労働者に企業年金が支給されるよう、退職金規程の整備をはかる。

（9）短時間労働者に対する社会保険の適用拡大に関する取り組み

1）社会保険が適用されるべき労働者が全員適用されているか点検・確認する。
2）事業者が適用拡大を回避するために短時間労働者の労働条件の不利益変更を行わないよう取り組む。また社会保険の適用を一層促進するよう労働条件の改善を要求する。

（10）治療と仕事の両立の推進に関する取り組み[21]

疾病などを抱える労働者は、治療などのための柔軟な勤務制度の整備や通院目的の休暇に加え、疾病の重症化予防の取り組みなどを必要としているため、以下に取り組む。

1）長期にわたる治療が必要な疾病などを抱える労働者からの申出があった場合に円滑な対応ができるよう、休暇・休業制度などについて、労働協約・就業規則など諸規程の整備を進める。
2）疾病などを抱える労働者のプライバシーに配慮しつつ、当該事業場の上司や同僚に対し、治療と仕事の両立支援についての理解を促進するための周知等を徹底する。

3．ジェンダー平等・多様性の推進

多様性が尊重される社会の実現に向けて、性別をはじめ年齢、国籍、障がいの有無、就労形態など、様々な違いを持った人々がお互いを認め合い、やりがいをもって、ともに働き続けられる職場を実現するため、格差を是正するとともに、あらゆるハラスメント対策や差別禁止に取り組む。また、ジェンダー・バイアス（無意識を含む性差別的な偏見）や固定的性別役割分担意識を払しょくし、仕事と生活の調和をはかるため、すべての労働者が両立支援制度を利用できる環境整備に向けて、連合のガイドライン[22]や考え方・方針[23]を活用するなどして取り組みを進める。

（1）改正女性活躍推進法および男女雇用機会均等法の周知徹底と点検活動

改正女性活躍推進法および男女雇用機会均等法について、連合のガイドラインにもとづき、周知徹底とあわせて、法違反がないかなどの点検活動を行う。また、労使交渉・協議では、可能な限り実証的なデータにもとづく根拠を示し、以下の項目について改善を求める。

1）女性の昇進・昇格の遅れ、仕事の配置や配分が男女で異なることなど、男女間格差の実態について点検を行い、積極的な差別是正措置（ポジティブ・アクション）により改善をはかる。
2）合理的な理由のない転居を伴う転勤がないか点検し、是正をはかる。
3）妊娠・出産などを理由とする不利益取り扱いの有無について検証し、是正をはかる。

---

[21] 治療と職業生活の両立支援に向けた取り組み指針（2016年11月10日第14回中央執行委員会確認）参照。
[22] 性的指向及び性自認に関する差別禁止に向けた取り組みガイドライン（2016年3月3日第6回中央執行委員会 @RENGO／2017年11月17日）、改正女性活躍推進法にもとづく「事業主行動計画」策定等についての取り組みガイドライン（2022年改定版）（@RENGO／2022年8月18日）。
[23] 「仕事の世界における暴力とハラスメント」対策に関する連合の考え方（2018年9月21日第14回中央執行委員会）、女性活躍推進法が定める一般事業主行動計画に関する連合の取り組みについて（2022年7月22日第10回中央執行委員会）、改正育児・介護休業法に関する連合の取り組み（2021年11月18日第2回中央執行委員会）。

4）改正女性活躍推進法にもとづく事業主行動計画策定に労使で取り組む。その際、職場の状況を十分に把握・分析した上で、必要な目標や取り組み内容を設定する。

5）事業主行動計画が着実に進展しているか、労働組合としてPlan（計画）・Do（実行）・Check（評価）・Action（改善）に積極的に関与する。

6）2022年4月1日から、事業主行動計画策定や情報公表義務が101人以上の事業主まで拡大されたことを踏まえ、企業規模にかかわらず、すべての職場で「事業主行動計画」が策定されるよう事業主に働きかけを行う。

7）事業主行動計画策定にあたっては、企業規模にかかわらず「男女の賃金の差異」を把握するよう事業主に働きかける。

8）事業主行動計画の内容の周知徹底はもとより、改正女性活躍推進法や関連する法律に関する学習会等を開催する。

（2）あらゆるハラスメント対策と差別禁止の取り組み

職場のハラスメントの現状を把握するとともに、カスタマー・ハラスメントや就活生などに対するハラスメントを含むあらゆるハラスメント対策や差別禁止の取り組みを進める。その上で、労働協約や就業規則が定めるハラスメントや差別に関する規定やガイドラインを確認し、その内容が法を上回る禁止規定となるようさらなる取り組みを進める。

1）ハラスメント対策関連法（改正労働施策総合推進法等）で定めるパワー・ハラスメントの措置義務が2022年4月1日よりすべての企業に課されたことから、連合のガイドライン[24]にもとづき、労働組合としてのチェック機能を強化するとともに、職場実態を把握した上で、事業主が雇用管理上講ずべき措置（防止措置）や配慮（望ましい取り組み）について労使協議を行う。

2）同性間セクシュアル・ハラスメント、ジェンダー・ハラスメントも含めたセクシュアル・ハラスメントの防止措置の実効性が担保されているか検証する。

3）マタニティ・ハラスメントやパタニティ・ハラスメント、ケア（育児・介護）・ハラスメントの防止措置の実効性が担保されているか検証する。

4）パワー・ハラスメントを含めて、あらゆるハラスメントを一元的に防止する取り組みを事業主に働きかける。

5）性的指向・性自認に関するハラスメントや差別の禁止、望まぬ暴露であるいわゆるアウティングの防止やプライバシー保護に取り組むとともに、連合のガイドラインを活用して就業環境の改善等を進める。あわせて、差別撤廃の観点から、同性パートナーに対する生活関連手当の支給をはじめとする福利厚生の適用を求める。

6）10項目ある雇用管理上の措置（防止措置）がすべて実施されているか点検するとともに、とりわけハラスメント行為者に対する厳正な対処が行われるよう、諸規定の改正を進める。

7）ドメスティック・バイオレンスをはじめとする性暴力による被害者を対象とした、相談支援機関との連携強化を含めた職場の相談体制の整備や休暇制度の創設等、職場における支援のための環境整備を進める。

（3）育児や介護と仕事の両立に向けた環境整備

改正育児・介護休業法について、周知徹底とあわせて改正内容が実施されているかなどの点検活動を行うとともに、連合の方針等にもとづき、以下の課題に取り組む。

1）2022年4月1日施行の改正育児・介護休業法で定める事業主が雇用管理上講ずべき措置（雇用環境の整備、個別周知、意向確認）が行われているか点検し、「雇用環境の整備」については複数の措置を行うよう労使協議を行う。

2）育児や介護に関する制度を点検するとともに、両立支援策の拡充の観点から、法を上回る

---

[24] ハラスメント対策関連法を職場で活かし、あらゆるハラスメントを根絶するための連合の取り組みについて（ガイドライン含む）（2020年1月23日第4回中央執行委員会 @RENGO／2020年1月24日）。

内容を労働協約に盛り込む。

3）有期契約労働者が制度を取得する場合の要件については、改正法に定められた「事業主に引き続き雇用された期間が１年以上である者」が撤廃されているか点検したうえで、法で残っている「子が１歳６ヵ月に達する日までに労働契約が満了することが明らかでないこと」についても撤廃をはかる。

4）育児休業、介護休業、子の看護休暇、介護休暇、短時間勤務、所定外労働の免除の申し出や取得により、解雇あるいは昇進・昇格の人事考課等において不利益取り扱いが行われないよう徹底する。

5）妊産婦保護制度や母性健康管理措置について周知されているか点検し、妊娠・出産および制度利用による不利益取り扱いの禁止を徹底する。

6）女性の就業継続率の向上や男女のワーク・ライフ・バランスの実現に向けて、2022年10月１日施行の出生時育児休業（産後パパ育休）の整備など男性の育児休業取得促進に取り組む。

7）両立支援制度や介護保険制度に関する情報提供など、仕事と介護の両立を支援するための相談窓口を設置するよう求める。

8）不妊治療と仕事の両立のため、取得理由に不妊治療を含めた休暇等（多目的休暇または積立休暇等を含む）の整備に取り組み、2022年４月１日施行の「くるみんプラス」の取得をめざす。

9）男女の更年期、生理休暇などの課題を点検・把握し、環境整備と制度導入に向けた取り組みを進める。

10）事業所内保育施設（認可施設）の設置、継続に取り組み、新設が難しい場合は、認可保育所と同等の質が確保された企業主導型保育施設の設置を求める。

（4）次世代育成支援対策推進法にもとづく取り組みの推進

1）ワーク・ライフ・バランスの推進に向けた労働組合としての方針を明確にした上で、労使協議を通じて、計画期間、目標、実施方法・体制などを確認し、作成した行動計画の実現をはかることで「トライくるみん」「くるみん」「プラチナくるみん」の取得をめざす。

2）「トライくるみん」「くるみん」「プラチナくるみん」を取得した職場において、その後の取り組みが後退していないか労使で確認し、計画内容の実効性の維持・向上をはかる。

4．運動の両輪としての「政策・制度実現の取り組み」

2023春季生活闘争における運動の両輪として、政策・制度実現の取り組みを引き続き推し進める。具体的には、現下の経済・社会情勢を踏まえ、「働くことを軸とする安心社会－まもる・つなぐ・創り出す－」の実現に向けた政策課題について、政府・政党・各議員への働きかけ、審議会対応、連合アクションやキャンペーンを通じた世論喚起など、連合本部・構成組織・地方連合会が一体となって幅広い運動を展開する。

1）現下の経済・社会情勢を踏まえた2023年度予算編成と2023年度税制改正実現の取り組み（税による所得再分配機能の強化、「給付付き税額控除」の仕組み構築など）

2）価格転嫁や取引の適正化につながる諸施策の実効性を高める取り組み

3）すべての人が安心して働き暮らせるよう、社会保障制度の充実・確保に向けた取り組み（年金、医療・介護、子ども・子育て支援など）

4）すべての労働者の雇用の安定・人への投資拡充に向けた取り組み

5）あらゆるハラスメント対策と差別禁止の取り組み

6）学校職場における教職員の負担軽減の取り組み

Ⅳ．闘争の進め方

1．基本的な考え方

（1）「未来づくり春闘」を深化させ、2023春季生活闘争を経済・社会のステージを変える転換点とするための闘争を展開するため、共闘体制を構築する（別紙4－1「2023春季生活闘争　共闘体制」参照）。

（2）「底上げ」「底支え」「格差是正」の実現や社会的な賃金相場の形成に向けた情報の共有と社会的な発信に引き続き取り組む。

（3）価格転嫁円滑化のための産官労金の連携協定締結（先行事例：埼玉県）や、中小企業振興基本条例および公契約条例制定の取り組みとの連動をはかる。

（4）「政策・制度実現の取り組み」を運動の両輪と位置づけ、国民全体の雇用・生活条件の課題解決に向け、政策・制度実現の取り組みと連動させた運動を展開する。

（5）「賃上げ実現・くらし支援　あしたを変える連合緊急アクション」と連動して「みんなの春闘」を展開し、すべての働く仲間に春季生活闘争のメカニズムや2023闘争の意義を発信する。フリーランス、「曖昧な雇用」で働く人を含め多様な働く仲間の悩みを聴き、社会的な広がりを意識した取り組みを展開する。集会等の持ち方や「2023連合アクション」および労働相談活動との連動を工夫するとともに、「連合プラットフォーム（愛称：笑顔と元気のプラットフォーム）」の活用を進める。

（6）労働基本権にこだわる闘争の展開をはかる。

2．取り組み体制、日程など

（1）闘争体制と日程

1）中央闘争委員会および戦術委員会の設置

中央闘争委員会および戦術委員会を設置し、闘争の進め方を中心に協議を行う。

2）要求提出

原則として2月末までに要求を行う。

3）ヤマ場への対応

新年度の労働条件は年度内に確立させることを基本とする。そのために、3月のヤマ場を設定し、相場形成と波及をはかる。具体的には、共闘連絡会議全体代表者会議、戦術委員会などで協議する。

（2）共闘連絡会議の運営

5つの部門別共闘連絡会議（金属、化学・食品・製造等、流通・サービス・金融、インフラ・公益、交通・運輸）を設置し（別紙4－2「2023春季生活闘争　共闘連絡会議の構成と運営について」参照）、会合を適宜開催し、有期・短時間・契約等の雇用形態で働く労働者も含めた賃金引き上げ、働き方の改善、中小組合への支援状況など相互に情報交換と連携をはかる。先行組合の集中回答日における回答引き出し組合数を一段と増やすよう努める。また、相場形成と波及力の強化をはかるべく、個別賃金水準の維持・向上をはかるため、運動指標として「代表銘柄・中堅銘柄」の拡充と開示を行うとともに、「中核組合の賃金カーブ維持分・賃金水準」の開示を行い、賃金水準の相場形成を重視した情報開示を進めていく。

3．中小組合支援の取り組み

（1）連合の取り組み

1）労働条件・中小労働委員会で闘争状況を共有するとともに、共闘推進集会などの開催を通じて中小組合の取り組みの実効性を高めていく。

2）働き方も含めた「取引の適正化」の実現に向けて、連合全体で「パートナーシップ構築宣

言」のさらなる推進に取り組むとともに、適正な価格転嫁や優越的地位の濫用防止の実効性
向上を求める要請等を実施する。
3）中小組合の要求・交渉の支援ツールとして、組合の賃金制度整備や交渉力強化に資する
「中小組合元気派宣言」などの資料を提供する。

（2）構成組織の取り組み
1）すべての構成組織は、加盟組合の労働者の賃金が「働きの価値に見合った水準」へ到達で
きるよう、各組合の主体的な運動を基軸に、責任ある指導・支援を行う。
2）加盟組合に対し、地方連合会が設置する「地場共闘」への積極的な参加と賃金相場の形成
に向けた情報開示を促す。あわせて、「地域ミニマム運動」への積極的な参画と、その結果や
賃金分析プログラムなどを活用するよう働きかける。
3）賃金制度が整備されていない加盟組合に対し、制度構築の支援を行う。

（3）地方連合会の取り組み
1）「地域ミニマム運動」を積極的に推進し、地域の賃金水準（別紙5「2022地域ミニマム運
動」都道府県別・大括り産業別の賃金特性値）を組織内外・地域全体に開示することによ
り、地場の職種別賃金相場形成の運動を進めていく。
2）相場形成および波及をめざし、「地場共闘」の強化をはかりつつ効果的に情報を発信し、中
小のみならず未組織の組合や有期・短時間・契約等で働く労働者の「底支え」「格差是正」へ
とつながる体制を強化する。

4．社会対話の推進
（1）連合は、経団連や経済同友会、全国中小企業団体中央会および中小企業家同友会全国協議会
など各経済団体や中小企業経営者団体、および人材派遣事業団体などとの意見交換を進め、労
働側の考えを主張していく。
（2）地方連合会は、「笑顔と元気のプラットフォーム」の取り組みを通じて、「地域活性化フォー
ラム」を開催するとともに、中小企業振興基本条例制定に向けた下地づくり等を進め、地方経
営者団体との懇談会や行政の取り組みなどにも積極的に参画する。
（3）春季生活闘争を社会的運動として広げていくために、各種集会や記者会見・説明会を機動的
に配置するとともに、共闘連絡会議代表者も参画し、共闘効果の最大化をはかる。

5．闘争行動
年齢や性別・国籍の違い・障がいの有無・雇用形態などにかかわらず、有期・短時間・派遣な
どで働く仲間に関わる「職場から始めよう運動」[25]の展開をはかるとともに、闘争開始宣言中央
総決起集会（2023年2月6日）、春季生活闘争・政策制度要求実現中央集会（3月7日）、3.8国
際女性デー中央集会（3月8日）、共闘推進集会（4月初旬）の開催や、ヤマ場における談話の
発出、「05（れんごう）の日」の取り組みを通じた連合・構成組織・地方連合会が一体となった行
動・発信、「賃上げ実現・くらし支援　あしたを変える連合緊急アクション」など、切れ目のな
い取り組みを展開する。
また、常設の「なんでも労働相談ホットライン」の活動を強化し、「全国一斉集中労働相談
ホットライン」を2023年2月21−22日に「ＳＴＯＰ雇用不安！みんなの力で職場を改善しません
か」をテーマに実施する。

25　「連合『職場から始めよう運動』とは」参照。

連合の賃金実態

1. 連合全体の月例賃金（「賃金・一時金・退職金調査」速報値より）

〈生産・事務技術労働者計（所定内賃金）〉　　　　　　　　　　（単位：円）

		30歳			35歳		
		2022		2021	2022		2021
主要組合	平均	273,972	⬆ 833	273,138	315,618	⬆ 959	314,658
	中央値	271,921	⬇ -1,515	273,436	314,750	⬆ 50	314,700
登録組合	平均	264,911	⬆ 2,175	262,736	301,049	⬆ 773	300,276
	中央値	263,050	⬆ 2,100	260,950	299,600	⬇ -400	300,000

2. 中小組合（300人未満）の月例賃金

〇地域ミニマム運動・賃金実態調査

	2023（2022年実態）		2022（2021年実態）
月例賃金			260,597 円
平均年齢	調査中		39.9 歳
平均勤続			14.3 年

〇春季生活闘争 最終回答集計結果（要求ベース額）

	2022春季生活闘争		2021春季生活闘争
加重平均	251,691 円	⬆ 1,123 円	250,568 円
（組合員数）	28.8 万人	⬆ 2.6 万人	26.2 万人
単純平均	244,441 円	⬆ 1,854 円	242,587 円
（組合数）	2,863 組合	⬆ 217 組合	2,646 組合

3. 年齢別最低保障賃金の参考値（地域ミニマム運動・賃金実態調査：300人未満・第1四分位）

	2023（2022年実態）		2022（2021年実態）
30歳	調査中		207,400 円
35歳			221,000 円

4. 中小組合（300人未満）の1年・1歳間差額

2022（2021年実態）地域ミニマム運動・賃金実態調査：300人未満・全産業・男女計

〇中位値の「1年・1歳間差額」の平均（18-45歳）	4,214 円
〇1次回帰式による賃金の1歳当たり上昇額（20-40歳）	4,771 円

5. 18歳高卒初任給の参考目標値※

	2023（2022年度調査）		2022（2021年度調査）
	180,100 円	⬆ 4,500 円	175,600 円
事務・技術	174,763 円	⬆ 3,333 円	171,430 円
生産	174,887 円	⬆ 2,000 円	172,887 円

※前年度「賃金・一時金・退職金調査」速報値　主要組合高卒初任給の平均額に
2022は3％分、2021は2％分上乗せ

6. 連合リビングウェイジ（さいたま市・月額）

	2022（簡易改定）		2021
単身	188,217 円	⬆ 5,117 円	183,100 円
（自動車保有）	239,243 円	⬆ 3,867 円	235,376 円

2023春季生活闘争方針の他の別紙資料は下記に掲載しておりますので、ご参照ください。
https://www.jtuc-rengo.or.jp/activity/roudou/shuntou/index2023.html

Ⅲ

2023
春季生活闘争

現状と課題

持続可能な開発目標(SDGs)達成に向けて

図1[持続可能な開発目標(SDGs)]

SUSTAINABLE DEVELOPMENT GOALS

■出所：国連広報センター

図2[連合の運動方針とSDGs]

重点分野

1 すべての働く仲間をまもり、つなげるための集団的労使関係の追求と、社会に広がりのある運動の推進

1. 多様な就労者を含めた集団的労使関係の構築・強化
2. 働く仲間をつなぎ支える取り組みの推進と新たな課題への対応
3. 「連合組織拡大プラン2030」の実現に向けた拡大目標の必達と基盤強化
4. 連合プラットフォーム(笑顔と元気のプラットフォーム)を活用した中小企業・地域の活性化に向けた取り組み
5. 新たな社会運動の積み重ねによる世論形成・政策実現と、すべての働く仲間とともに「必ずそばにいる存在」となる運動の構築

2 安心社会とディーセント・ワークをまもり、創り出す運動の推進

1. 2035年を見据えた社会保障・教育と税制の一体改革に向けた取り組み
2. 持続可能で包括的な社会を実現するための経済・社会・環境課題の統合的解決に向けた取り組みの推進
3. すべての働く仲間のディーセント・ワーク実現に向けた雇用・労働政策の推進
4. 賃金・労働諸条件の向上と地域社会を支える中小企業の基盤強化

3 ジェンダー平等をはじめとして、一人ひとりが尊重された「真の多様性」が根付く職場・社会の実現

1. 性別・年齢・国籍・障がいの有無・就労形態などにかかわらず、やりがいを持って働くことのできる職場・社会の実現
2. 男女平等参画、ジェンダー平等の推進、均等待遇、仕事と生活の調和(ワーク・ライフ・バランス)に向けた取り組み
3. 「フェアワーク」推進の取り組み
4. 連合労働相談対応の強化に向けた取り組み

関連する SDGs >

推進分野

1 社会連帯を通じた平和、人権、社会貢献への取り組みと次世代への継承

1. 支え合い助け合い運動の推進
2. 平和運動の推進
3. 多様化する人権に関わる課題への対応
4. 自然災害への取り組み強化と事業継続計画(BCP)の策定

2 健全な議会制民主主義と政策実現に向けた政治活動の推進

1. 政治活動の基本
2. 政治活動の推進
3. 健全な議会制民主主義の実現に向けた政治改革への取り組み
4. 地方政治の活性化

3 ディーセント・ワークの実現に向けた国際労働運動の推進

1. 人権・労働組合権尊重主義の擁護・確立
2. 国際組織との連携強化
3. 労使紛争の未然防止および解決促進に向けた取り組み

4 連合と関係する組織との相乗効果を発揮し得る人財の確保・育成と労働教育の推進

1. 連合運動を支える人財の確保と育成
2. 連合と関係する組織と連携した人財・知見の活用
3. 組織内外における幅広い労働教育の推進
4. アーカイブス収集の充実
5. 国際人財の育成のための取り組み

関連する SDGs >

■出所：連合作成

　2015年に国連総会で採択された「持続可能な開発目標(SDGs)」は、「誰一人取り残さない」ことを理念とし、2030年までに達成すべき17のゴールで構成されている(図1)。

　すべての国、すべてのステークホルダーが取り組むことを特徴としており、政府、企業、労働組合を含む市民社会組織などの参画により、世界規模での取り組みが進められている。

　連合は、めざすべき社会像として連合ビジョン「働くことを軸とする安心社会 −まもる・つなぐ・創り出す−」を掲げ、「持続可能性」と「包摂」を運動の基底に置き、連合・構成組織・地方連合会が一体となって取り組みを進めていくことを確認している。また、運動方針や春季生活闘争、政策・制度実現を求める重点政策においては、SDGsの17のゴールに結びつけて運動を行っている(図2)。たとえば、P63の「税による所得再分配機能の強化に向けて」はゴール1(貧困をなくそう)、P76の「高齢期におけるディーセント・ワークの実現」はゴール8(働きがいも経済成長も)などと結びついており、雇用と生活を守るための総合労働条件改善や政策・制度実現の取り組みは、SDGsと密接に連関している。さらに、労働組合は社会を構成する一員として社会課題の解決や地域の活性化に取り組んでおり、とりわけ各地域においては、「ゆにふぁん(P94)」など支え合い・助け合い運動を積極的に展開している。

　このように、連合をはじめ、各労働組合の日々の運動は、SDGsの取り組みそのものであると言っても過言ではない。

　連合は、日本の労働組合のナショナルセンターとして、また政府の「持続可能な開発目標(SDGs)推進円卓会議」の構成員として、SDGs達成に向けて引き続き積極的に取り組んでいく。

2 求められる「ビジネスと人権」への対応

図［人権デュー・ディリジェンスのプロセス］

企業

負の影響の特定・評価
・企業が関与する人権への負の影響について、特定・評価する。

↓

負の影響の防止・軽減
・特定・評価された負の影響について、防止・軽減に取り組む。

↓

取り組みの実効性の評価
・特定・評価や防止・軽減などに効果的に対応したかを評価し、継続的な改善を進める。

↓

説明・情報開示
・人権尊重の責任を果たしていることを対外的に説明する。
・人権尊重の取り組みについて情報開示を行う。

関与

対話

労働組合をはじめとするステークホルダー

■出所：日本政府「責任あるサプライチェーン等における人権尊重のためのガイドライン」より連合作成

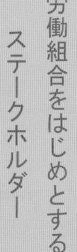

Ⅲ 現状と課題

　企業活動のグローバル化に伴う負の影響の最たるものが人権侵害である。国内外の関心の高まりを受けて、「ビジネスと人権」に対する企業の社会的責任のあり方が問われており、欧州などでは、人権デュー・ディリジェンス（以下、「人権DD」）の対応を義務化する法整備が相次いでいる。

　このような状況を踏まえ、日本でも2022年9月に「責任あるサプライチェーン等における人権尊重のためのガイドライン」（以下、「ガイドライン」）が策定・公表された。ガイドラインは、日本で事業活動を行うすべての企業を対象とし、直接の取引先でないサプライヤーなども含め、最大限、人権尊重に努めるべきだとしている。また、尊重すべき人権の範囲についても、ILO中核的労働基準を含む国際的に認められた人権全般となっている。ガイドラインの策定は、「ビジネスと人権」に関する取り組み強化に向

けた第一歩だと評価できる。

　今後、各企業はガイドラインを踏まえて、それぞれの企業活動における人権DDにより一層取り組む必要がある。人権DDとは、①企業が関与する人権への負の影響を特定・評価し、②負の影響を防止・軽減し、③特定・評価や防止・軽減に向けた取り組みの実効性を評価し、④それを説明・情報開示する一連の行為を指す。人権DDの実効性を高める上で、重要なのがステークホルダーの関与・対話である。

　労働組合は、日常的な労使関係を通じ、職場の労働安全衛生水準の向上やハラスメントの防止など、労働者の人権に関わる課題を提起し、課題解決に取り組んでおり、企業行動における特別なステークホルダーといえる。サプライチェーンにおけるすべての労働者の人権保護に向けて、具体的な取り組みを強化していく必要がある。

3 多様な主体の協働で防災力の向上を

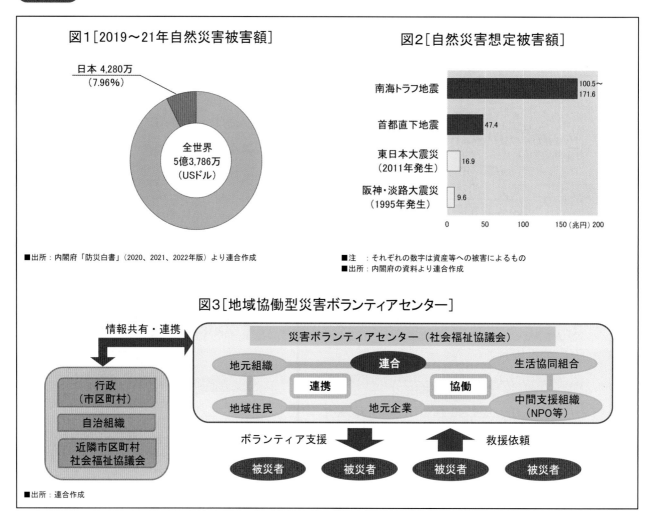

図1［2019〜21年自然災害被害額］

日本 4,280万
（7.96%）

全世界
5億3,786万
（USドル）

■出所：内閣府「防災白書」（2020、2021、2022年版）より連合作成

図2［自然災害想定被害額］

南海トラフ地震	100.5〜171.6
首都直下地震	47.4
東日本大震災（2011年発生）	16.9
阪神・淡路大震災（1995年発生）	9.6

0　50　100　150　200（兆円）

■注　：それぞれの数字は資産等への被害によるもの
■出所：内閣府の資料より連合作成

図3［地域協働型災害ボランティアセンター］

情報共有・連携

災害ボランティアセンター（社会福祉協議会）

地元組織　連合　生活協同組合
連携　協働
地域住民　地元企業　中間支援組織（NPO等）

行政（市区町村）
自治組織
近隣市区町村社会福祉協議会

ボランティア支援　救援依頼

被災者　被災者　被災者　被災者

■出所：連合作成

　全世界の自然災害被害総額の1割近くを占める「災害大国」日本だが（図1）、発生件数・被害の増加傾向および激甚化や広域化が大きな問題となっている。30年以内の発生確率が70〜80％とされる首都直下地震や南海トラフ地震は、東日本大震災を大きく超える被害が想定されている（図2）。

　東日本大震災では行政機能が麻痺し「公助の限界」が明らかになる一方、自助・共助の重要性が強く認識された。地域における多様な活動主体（地域住民や地域の各種活動団体、企業、行政など）が、平時から支え合い・助け合いの連携を進め、いざという時に協働できる体制を構築しておくことが求められている。

　この間、連合と構成組織・地方連合会が連携して、被災地へのボランティア派遣や救援カンパ、地域での防災・減災対策、災害時要援護者対策などの強化・充実に取り組んできた。今後

も、連合の持つネットワークを最大限活かした地域の多様な活動主体との関係構築・連携強化を継続的に行うことや、組合員の防災意識を高める取り組みを強化することで、組合員一人ひとりが災害時に即応できる体制を整えていくことが、地域で働き暮らす人々の命とくらしを守るカギとなる。発災時には当該地域の関係者が主体となり、地域協働型の災害ボランティアセンターを運営していくことになるが（図3）、引き続き①被災者中心、②地元主体、③協働を原則とし、参画する団体が積極的・主体的に地域を守る社会づくりに取り組んでいく。

　連合は、これまでの経験をもとに、地域における多様な活動主体が自助・共助の担い手となることの重要性を訴えてきたが、今後もこれらの運動を継続し、労働組合としての社会的責任を果たすとともに、地域に根差した顔の見える運動を推進していく。

4 被災地のくらし・仕事の支援と心のケアの継続

図1［これからの復興に必要なこと］

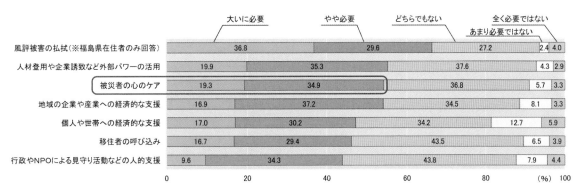

大いに必要　やや必要　どちらでもない　全く必要ではない　あまり必要ではない

項目	大いに必要	やや必要	どちらでもない	あまり必要ではない	全く必要ではない
風評被害の払拭（※福島県在住者のみ回答）	36.8	29.6	27.2	2.4	4.0
人材登用や企業誘致など外部パワーの活用	19.9	35.3	37.6	4.3	2.9
被災者の心のケア	19.3	34.9	36.8	5.7	3.3
地域の企業や産業への経済的な支援	16.9	37.2	34.5	8.1	3.3
個人や世帯への経済的な支援	17.0	30.2	34.2	12.7	5.9
移住者の呼び込み	16.7	29.4	43.5	6.5	3.9
行政やNPOによる見守り活動などの人的支援	9.6	34.3	43.8	7.9	4.4

0　　　20　　　40　　　60　　　80　　(%) 100

■出所：NHK「東日本大震災11年 被災地アンケート」（2022年）

図2［福島県産の水産物の購入意向］

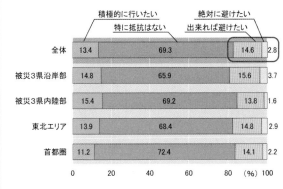

積極的に行いたい　絶対に避けたい　特に抵抗はない　出来れば避けたい

	積極的に行いたい	特に抵抗はない	出来れば避けたい	絶対に避けたい
全体	13.4	69.3	14.6	2.8
被災3県沿岸部	14.8	65.9	15.6	3.7
被災3県内陸部	15.4	69.2	13.8	1.6
東北エリア	13.9	68.4	14.8	2.9
首都圏	11.2	72.4	14.1	2.2

0　　20　　40　　60　　80　(%) 100

■出所：河北新報社・マクロミル「東日本大震災に関するアンケート」（2022年）

図3［原発事故に伴う諸外国・地域の食品等の輸入規制］

規制措置の内容（カッコ内は国・地域数）		国・地域名
輸入規制を継続（12）	一部の都県等を対象に輸入停止（5）	香港、中国、台湾、韓国、マカオ
	一部または全都道府県を対象に検査証明書等を要求（7）	EU、EFTA（アイスランド、ノルウェー、スイス、リヒテンシュタイン）、仏領ポリネシア、ロシア
輸入規制を撤廃（43）		カナダ、インド、トルコ、ブラジル、シンガポール、米国、英国等

■注　：2022年7月26日現在
■出所：農林水産省HPより連合作成

III 現状と課題

東日本大震災から10年の節目となる2021年3月に、政府は「『第2期復興・創生期間』以降における東日本大震災からの復興の基本方針」を閣議決定し、地震・津波被災地域の復興は総仕上げの段階にあるとした。

たしかに、道路や建物といったハード面の復興には進展が見られるが、連合が毎年実施している被災地復興ヒアリングには、今も多くの課題が残されているとの声が寄せられており、とりわけ、心のケアが必要であるとの意見が多い。NHKが被災地で行った調査でも、今後の復興において「被災者の心のケア」が「必要」とした人が54.2％に達する（図1）。

特に子どもは、被災による心的ストレスを抱えていたり、特別な配慮を必要としたりする場合もあるため、身近な学校で適切な支援が受けられるよう、養護教諭やスクールカウンセラー等を各校に配置することが必要である。

また政府は、原子力災害被災地域について、復興・再生が本格的に始まり、今後も中長期的対応が必要であるとしており、住民の帰還・生活再建や廃炉等の着実な推進が求められる。福島県産食品への風評被害も残っており、河北新報社が東北地方と首都圏で行った調査では、福島県産水産物の購入を「避けたい」とした人が計17.4％に及ぶ（図2）。さらに、アジアを中心とする複数の国・地域で日本産食品の輸入規制が続いている（図3）。

風評被害は、被災地の産業や雇用・仕事に大きな影響を及ぼすものであり、政府は、販路拡大の支援や正確な情報発信等を徹底し、国内外で風評被害の払しょくをはかる必要がある。

連合は、ハード面だけでなく、心のケアや風評被害対策等も含めた復興が進展するよう、地域ごとの状況や住民のニーズに応じた、きめ細やかな支援の継続・強化を政府に求めていく。

5 わが国産業を取り巻く情勢の複雑化への対応

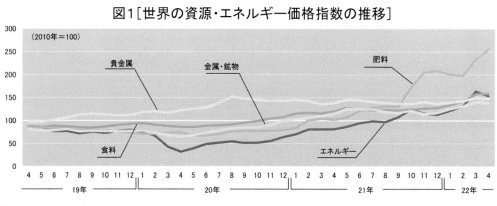

図1［世界の資源・エネルギー価格指数の推移］

（2010年＝100）

貴金属　　金属・鉱物　　肥料

食料　　エネルギー

■注　：価格指数はドルベースの名目値
　　　各項目の指数は以下のウェイトに基づき算出。エネルギー（石炭：4.7％、原油：84.6％、天然ガス：10.8％）、食料（穀物：28.2％、油脂：40.8％、その他：31％）、肥料（リン鉱石：16.9％、リン酸：21.7％、カリウム：20.1％、窒素：41.3％）、金属・鉱物（アルミニウム：26.7％、銅：38.4％、鉄：18.9％、鉛：1.8％、ニッケル：8.1％、スズ：2.1％、亜鉛：4.1％）、貴金属（金：77.8％、銀：18.9％、プラチナ：3.3％）
■出所：経済産業省「通商白書」（2022年）より連合作成

図2［サプライチェーンにおける供給制約の関係図］

コロナ
ショック → 人手不足による
供給制約

ロシアによる
ウクライナ侵略 → 物流遅延・
価格高騰

気候変動
ショック → 資源・エネルギーの
価格高騰・供給不足

財生産・
サービス提供
供給遅延
投入財価格高騰 → 消費者物価の
インフレ
供給遅延
家計圧迫

■出所：経済産業省「通商白書」（2022年）より連合作成

コロナ禍やロシアによるウクライナ侵攻に端を発した資源や原材料の価格高騰や供給制約が断続的に発生しており、わが国の産業全体に大きな影響を与えている（図1・2）。加えて、労働力人口が減少する中、産業の持続的な成長に向けては、人材の確保・定着と「人への投資」の拡充が喫緊の課題となっている。

政府は、2022年5月、資源や原材料の供給途絶、重要システムへのサイバー攻撃および技術の流出といった国際的な脅威から国内産業を守り、経済的な安全保障を確保するため、「経済安全保障推進法」を制定した。また、「新しい資本主義のグランドデザイン及び実行計画（2022年6月閣議決定）」では、「人への投資」「科学技術・イノベーションへの投資」「スタートアップへの投資」「GX（グリーントランスフォーメーション）およびDX（デジタルトランスフォーメーション）への投資」の4本柱に投資を重点化する考えを示した。

わが国の産業を持続的に成長させ、グリーンでディーセントな付加価値の高い雇用確保につなげていくには、カーボンニュートラルの実現など世界が直面する課題を解決するための技術・システムの確立に向けて、「人への投資」をはじめとする政府の積極的な投資が必要である。あわせて、経済安全保障の確保により資源・原材料の供給途絶リスクに対応するとともに、新たな外需を獲得していくための支援も必要である。

なお、GXやDXによって起こり得る様々な変化に対しては、社会的対話を積極的に推進し、複数のシナリオや筋道についての合意形成を進め、地域経済や社会・雇用などへの負の影響を最小限にとどめる「公正な移行」を実現していかなければならない。特に、企業内の能力開発や失業なき労働移動を可能とする働く者の学び直しに対する支援の強化が求められる。

6 GX・DXを社会対話で「公正な移行」に

図1[DXを進めるにあたっての課題]

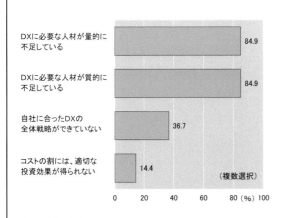

- DXに必要な人材が量的に不足している 84.9
- DXに必要な人材が質的に不足している 84.9
- 自社に合ったDXの全体戦略ができていない 36.7
- コストの割には、適切な投資効果が得られない 14.4

（複数選択）

0 20 40 60 80 (%) 100

■注 ：複数回答可
■出所：日本生産性本部「新政権への期待とDXに関する緊急アンケート」調査結果(2021年12月)

図2[脱炭素を進める上での課題]

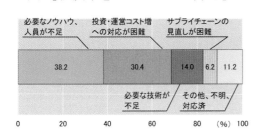

必要なノウハウ、人員が不足 38.2 ／ 投資・運営コスト増への対応が困難 30.4 ／ サプライチェーンの見直しが困難 14.0 ／ 6.2 ／ 11.2

必要な技術が不足 ／ その他、不明、対応済

0 20 40 60 80 (%) 100

■出所：内閣府「我が国企業の脱炭素化に向けた取り組み状況」(2022年3月)アンケート調査の分析結果の概要

図3[GDPに占める企業の能力開発費の割合の国際比較]

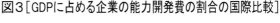
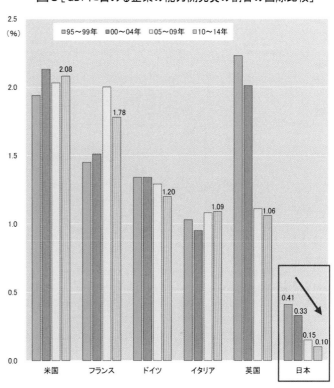

■95〜99年 ■00〜04年 □05〜09年 ▨10〜14年

(%)

2.08
1.78
1.20
1.09
1.06
0.41
0.33
0.15
0.10

米国　フランス　ドイツ　イタリア　英国　日本

■出所：厚生労働省「労働経済の分析」(2018年版)より連合作成

GX（グリーントランスフォーメーション）やDX（デジタルトランスフォーメーション）を経済・社会の成長につなげるため、イノベーションとその社会実装の加速化が求められている。ただし、技術とその普及だけに着目するのでは不十分であり、革新の源泉は人財であることを忘れてはならない。雇用や生活に深く関わるGX・DXを「公正な移行」とするため、人財の確保・育成のための投資の加速化を政労使三者の共通認識として、課題の解消に向けて社会対話を進める必要がある。

DXを進めるにあたっての課題について、日本生産性本部が企業経営者に対して行った調査によると、必要な人材が「量的に不足している」と「質的に不足している」がいずれも80％（複数回答）を超えている（図1）。

さらに、企業の脱炭素の取り組み状況に関して内閣府が行った調査によると、脱炭素化に向けた取り組みを進める上での課題では、「必要なノウハウ・人員が不足」（38.2％）、「投資・運営コスト増への対応が困難」（30.4％）、「必要な技術が不足」（14.0％）が上位となっている（図2）。

また、GDPに占める能力開発費の割合の国際比較を見ると、日本は他の先進諸国と比べてきわめて低いうえ、年を追うごとに下がり続けているなど、人的資本への投資が明らかに不足している（図3）。

GX・DXの実現に向けては、政府も「新しい資本主義のグランドデザイン及び実行計画」などで、人的投資の拡大を重視している。こうしたゴールを政労使の共通認識とするためにも、連合は政府に対し、誠実に対話に向き合うことを求めていく。あわせて、産業や個別企業・組織の労使間においても、対話を通じて課題を特定し、取り組みを進めることで「公正な移行」の実現をめざしていく。

7 日本が抱える構造課題と財政健全化の必要性

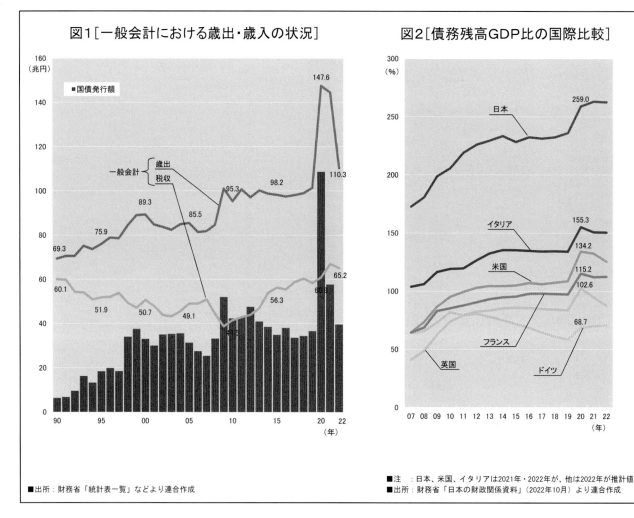

図1［一般会計における歳出・歳入の状況］

図2［債務残高GDP比の国際比較］

■出所：財務省「統計表一覧」などより連合作成

■注　：日本、米国、イタリアは2021年・2022年が、他は2022年が推計値
■出所：財務省「日本の財政関係資料」（2022年10月）より連合作成

　わが国の財政は、デフレ経済による税収の伸び悩み、超少子・高齢化の進展による社会保障関係費の増大などを主因に、歳出が税収を大幅に超過し、不足分を赤字国債で賄う不健全な状態が常態化している（図1）。近年はコロナ禍における巨額の財政出動によって赤字幅はさらに拡大しており、2022年3月には長期債務残高が1,000兆円を超え、債務残高GDP比が約2.5倍となるなど、OECD諸国の中でも突出した状況にある（図2）。

　赤字国債に依存する財政運営は、将来に負担を先送りしていることにほかならず、このまま続けば財政面の制約によって、社会保障などセーフティネットや公共サービスの持続性に深刻な影響を及ぼすことが懸念される。

　また、わが国の財政への信認が失われれば、急激な金利上昇を招き、利払費の増加がさらなる財政悪化を引き起こす悪循環に陥りかねない。

　今後、DXやGXなど経済成長や雇用創出につながる分野への投資拡大や、大規模自然災害などに備える財政余力を確保する観点からも、財政健全化は喫緊の課題である。また、社会にまん延する不安感を払しょくするためにも、まずは、将来世代への負担のつけ回しに歯止めをかけなければならない。

　こうした中、政府は6月の「経済財政運営と改革の基本方針2022（骨太方針）」において、これまで2025年度としてきた基礎的財政収支の黒字化達成の目標年度を明記しなかった。政府は、政府の責任において、財政健全化を成し遂げる強い覚悟を国の内外に対して示すべきであり、人口減少社会を前提とした税財政一体での抜本改革や、財政運営の客観的評価を行う独立財政機関の設置など、財政健全化に向けた取り組みを進めるべきである。

8 税による所得再分配機能の強化に向けて

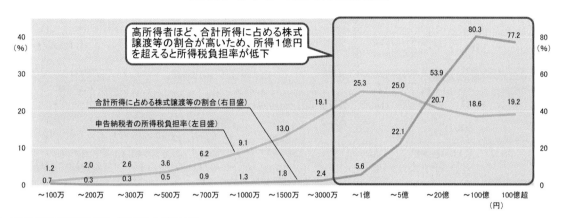

図1［いわゆる「1億円の壁」問題］

高所得者ほど、合計所得に占める株式譲渡等の割合が高いため、所得1億円を超えると所得税負担率が低下

合計所得に占める株式譲渡等の割合（右目盛）

申告納税者の所得税負担率（左目盛）

■出所：国税庁「申告所得税標本調査」（2020年）より連合作成

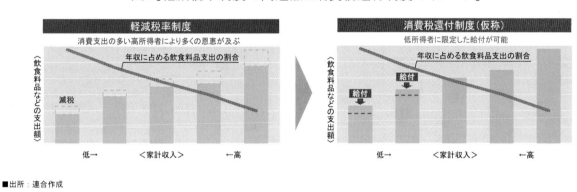

図2［軽減税率制度の問題点と消費税還付制度のイメージ］

軽減税率制度
消費支出の多い高所得者により多くの恩恵が及ぶ
年収に占める飲食料品支出の割合

消費税還付制度（仮称）
低所得者に限定した給付が可能
年収に占める飲食料品支出の割合

■出所：連合作成

貧困の固定化と格差の拡大、所得の二極化に歯止めがかからない中、長引くコロナ禍と急激な物価上昇が低所得者に大きな影響を与えている。こうした状況だからこそ、税による所得再分配機能を強化するため、所得税制の再構築と、低所得者対策としての「給付付き税額控除」の仕組みの導入が必要である。

所得税については、「すべての所得を合算して担税力の基準とし、そこに累進税率を適用する」総合課税が本来の姿であるが、現実には高所得者ほど所得税負担割合が低下する「1億円の壁」問題が生じている。これは、金融所得課税が一律20％であるため、株式譲渡益など金融所得の割合が高い高所得者は、所得が1億円を超えると所得税の負担割合が低下することが要因である（図1）。

解決に向けて、金融所得課税の税率を引き上げて高所得者の所得税負担割合を適正なものに

するとともに、金融所得課税も含めた総合課税化が必要であり、早急に結論を出すべきである。

なお、総合課税化の実現には、金融所得を含め所得を正確に捕捉することが必要であり、すべての預貯金口座とマイナンバーのひも付けをはじめとする環境整備が求められる。

低所得者対策としては、基礎的消費にかかる消費税負担分を給付する「消費税還付制度」を導入すべきである（図2）。消費税には、所得の少ない人ほど負担割合が高くなる「逆進性」の課題があり、高所得者ほど恩恵を受けやすい現行の軽減税率制度ではなく、「給付付き税額控除」の仕組みを構築すべきである。

なお、「消費税還付制度」の導入においても、マイナンバーを活用した正確な所得捕捉の仕組みの構築を同時に進める必要があり、マイナンバーカードのさらなる普及とあわせた取り組みを早期に進めるべきである。

Ⅲ 現状と課題

⑨ マイナンバーカードを活用してくらしを便利に

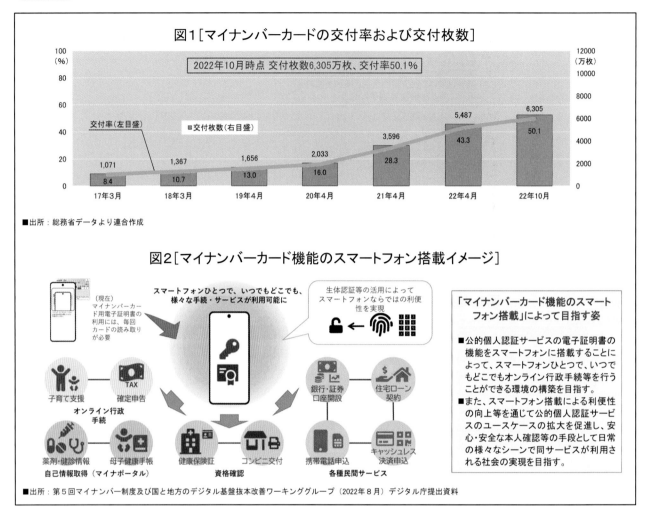

図1［マイナンバーカードの交付率および交付枚数］

2022年10月時点 交付枚数6,305万枚、交付率50.1%

交付率（左目盛）　　■交付枚数（右目盛）

	17年3月	18年3月	19年4月	20年4月	21年4月	22年4月	22年10月
交付率	8.4	10.7	13.0	16.0	28.3	43.3	50.1
交付枚数	1,071	1,367	1,656	2,033	3,596	5,487	6,305

■出所：総務省データより連合作成

図2［マイナンバーカード機能のスマートフォン搭載イメージ］

（現在）マイナンバーカード用電子証明書の利用には、毎回カードの読み取りが必要

スマートフォンひとつで、いつでもどこでも、様々な手続・サービスが利用可能に

生体認証等の活用によってスマートフォンならではの利便性を実現

オンライン行政手続：子育て支援、確定申告、薬剤・健診情報、母子健康手帳
自己情報取得（マイナポータル）
資格確認：健康保険証、コンビニ交付
各種民間サービス：銀行・証券口座開設、住宅ローン契約、携帯電話申込、キャッシュレス決済申込

「マイナンバーカード機能のスマートフォン搭載」によって目指す姿

■公的個人認証サービスの電子証明書の機能をスマートフォンに搭載することによって、スマートフォンひとつで、いつでもどこでもオンライン行政手続等を行うことができる環境の構築を目指す。
■また、スマートフォン搭載による利便性の向上等を通じて公的個人認証サービスのユースケースの拡大を促進し、安心・安全な本人確認等の手段として日常の様々なシーンで同サービスが利用される社会の実現を目指す。

■出所：第5回マイナンバー制度及び国と地方のデジタル基盤抜本改善ワーキンググループ（2022年8月）デジタル庁提出資料

マイナンバー（社会保障・税番号）制度は、公平な税制、税の所得再分配機能の強化、安心と信頼の社会保障制度、国民生活の利便性向上などを実現するために不可欠な制度である。

一方、デジタル行政実現の基礎であり、公的個人認証ツールとなるマイナンバーカードの交付率は、年々上昇しているものの、2022年10月時点では、50.1％に留まっている（図1）。

デジタル庁の調査によると、マイナンバーカードを取得しない理由の上位は「情報流出が怖い」「メリットを感じない」である。しかしながら、例えば、マイナンバーカードのICチップには税や年金、病歴などのプライバシー性の高い情報は記録されておらず、情報の確認には暗証番号が必要で、不正に読みだそうとするとICチップが壊れる仕組みとなっている。また、国民生活の利便性向上策としては、スマホアプリによる新型コロナワクチン接種証明（国内用

と海外用）、健康保険証との一体化に加え、2024年度には運転免許証としての利用も予定されている。マイナンバーカードの安全性を国民へ丁寧に説明するとともに、利便性を一層高めることがさらなるカードの普及につながると考える。

さらに、マイナンバーカードがキーとなるマイナポータルの活用を促すことも重要である。

緊急時を含め、各種給付金を受け取るために登録された公金受取口座の行政機関などとの情報連携が10月に開始され、今後は迅速な給付が期待できる。加えて、2023年5月には、マイナンバーカード機能をスマートフォン（Android端末）に搭載することが予定されており、さらなる利便性の向上が見込める（図2）。

連合は、マイナンバーカードでくらしの利便性を高めるとともに、マイナンバー制度をさらに推進することで、連合のめざす「公平・連帯・納得の税制」を実現していく。

10 中長期的な企業価値の向上と労働組合の役割

図1［情報開示の見通しの方向性］

非財務情報開示の充実

サステナビリティ（新規）

【全般】
〇サステナビリティ情報の記載欄を新設
・「ガバナンス」と「リスク管理」は、全ての企業が開示
・「戦略」と「指標と目標」は、各企業が重要性を判断して開示

【人的資本】
〇「人材育成方針」、「社内環境整備方針」を記載項目に追加

【多様性】
〇「男女間賃金格差」、「女性管理職比率」、「男性育児休業取得率」を記載項目に追加

コーポレートガバナンス

【取締役会の機能発揮】
〇「取締役会、指名委員会・報酬委員会の活動状況」の記載欄を追加

開示の効率化

【四半期開示の見直し】
〇金融商品取引法の四半期開示義務（第1・第3四半期）を廃止し、取引所規則に基づく四半期決算短信に「一本化」

〇「一本化」の具体化に向けた課題（義務付けのあり方、開示内容、虚偽記載に対するエンフォースメント、監査法人によるレビュー等）は検討を継続

■出所：金融審議会ディスクロージャーWG報告（2022年6月）より連合作成

図2［ESGの概要］

ESGとは

企業経営において、「Environment（環境）」「Social（社会）」「Governance（統治）」を考慮する必要があるという考え方

E（環境）
・気候変動など地球環境問題への対応
・資源消費の抑制

S（社会）
・働きやすい職場環境づくり
・多様性のある職場の実現
・様々なステークホルダーへの配慮

G（統治）
・効果的な企業統治体制の構築
・積極的な情報開示と透明性の確保
・中長期的な企業価値の向上への戦略

持続可能な経済・社会の形成

■出所：連合作成

Ⅲ 現状と課題

　企業には法令遵守の徹底やコーポレートガバナンス（企業統治）の強化をはじめとして、社会的責任を踏まえた行動が求められる。とりわけ、コーポレートガバナンスの強化を通じた企業の持続的成長と中長期的な企業価値の向上は、働く者にとって雇用の安定と労働条件の維持・向上の基盤となるものである。

　2021年6月に改訂された東京証券取引所の「コーポレートガバナンス・コード」では、企業を取り巻く環境の変化を踏まえ、サステナビリティ（ESG要素を含む中長期的な持続可能性）課題への積極的・能動的な対応を一層進めていくことの重要性が強調されている。具体的には、気候変動など地球環境問題への配慮、人権の尊重、従業員の健康・労働環境への配慮や公正・適正な処遇、取引先との公正・適正な取引などが挙げられている。

　また、金融審議会ディスクロージャーワーキ

ング・グループが2022年6月に取りまとめた報告「中長期的な企業価値向上につながる資本市場の構築に向けて」には、投資家の投資判断に必要な情報提供の観点から、有価証券報告書にサステナビリティ情報の記載欄が新設され、人材育成方針などの「人的資本」や男女間賃金格差などの「多様性」に関する項目の追加などが盛り込まれた（図1）。

　労働組合は、職場におけるディーセント・ワーク（働きがいのある人間らしい仕事）を実現するため、企業の重要なステークホルダー（利害関係者）として、働く者の立場から企業の活動や事業のあり方などについてのチェック・提言機能を引き続き発揮していく必要がある。加えて、ESGの観点を踏まえ、企業に対して持続的な成長と中長期的な企業価値の向上に向けて働きかけていくことが重要である（図2）。

すべての自治体で中小企業振興基本条例を

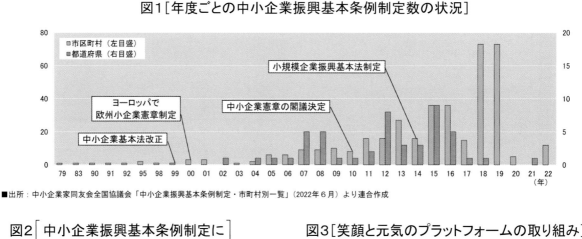

図1［年度ごとの中小企業振興基本条例制定数の状況］

- 市区町村（左目盛）
- 都道府県（右目盛）

欧州小企業憲章制定
中小企業基本法改正
中小企業憲章の閣議決定
小規模企業振興基本法制定
ヨーロッパで

79 83 90 91 92 95 98 99 00 01 02 03 04 05 06 07 08 09 10 11 12 13 14 15 16 17 18 19 20 21 22（年）

■出所：中小企業家同友会全国協議会「中小企業振興基本条例制定・市町村別一覧」（2022年6月）より連合作成

図2［中小企業振興基本条例制定に向けたシンポジウム］

図3［笑顔と元気のプラットフォームの取り組み］

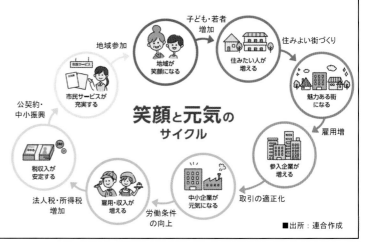

■出所：連合作成

　2010年に閣議決定された「中小企業憲章」は、「中小企業は経済を牽引する力であり、社会の主役である」と謳っている。連合は、「中小企業憲章」が描き出す中小企業像を実現するため、2019年6月から「政策・制度要求と提言」に、地方自治体において中小企業振興基本条例（以下、「条例」）の制定促進に向けた環境整備を進めること、条例において地域における労働団体の役割・責任を明確にすることを盛り込んだ。「中小企業憲章」の地域版であり実践版であると言われる条例を制定し、地場の中小企業を地域社会の主役として、地域で支えることを明確に位置づけることが重要である。

　2021年までにすべての都道府県で条例が制定された。一方、市区町村単位では、2018・2019年度に大幅に増加したものの、全市区町村に対する割合は2022年6月時点で38.4％にとどまっている（図1）。こうした状況を踏まえ、連合は2022

年10月にシンポジウムを開催した（図2）。条例に労働団体の役割・責任が規定された2つの事例と、条例制定に熱心な中小企業団体の活動について報告を受け、条例制定後の実効性を高めるためには、PDCAを回し検証することが重要であるという認識を共有した。

　ナショナルセンターである連合が先頭に立ち、すべての自治体において「労働団体の役割・責任」が明記された条例が制定されるよう取り組みを進めていかなければならない。

　また、条例制定の取り組みとあわせて、地域の雇用の安定と労働条件向上に向けて、連合の社会的役割を発揮していくことも求められる。

　連合は、「笑顔と元気のプラットフォーム」（図3）を活用し、中小企業を支える経営諸団体・業界団体などとの日常的な連携をさらに深め、条例制定に向けた取り組みを推進していく。

12 企業年金のさらなる普及促進を

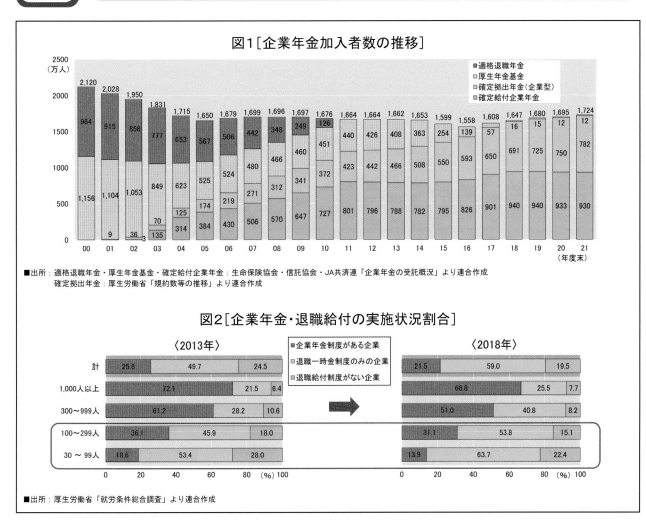

図1[企業年金加入者数の推移]

凡例：
■ 適格退職年金
□ 厚生年金基金
▨ 確定拠出年金（企業型）
▨ 確定給付企業年金

（単位：万人）

年度末	合計	適格退職年金	厚生年金基金	確定拠出年金（企業型）	確定給付企業年金
00	2,120	964	1,156		
01	2,028	915	1,104	9	
02	1,950	858	1,053	36	3
03	1,831	777	849	70	135
04	1,715	653	623	125	314
05	1,650	567	525	174	384
06	1,679	506	524	219	430
07	1,699	442	480	271	506
08	1,696	348	466	312	570
09	1,697	249	460	341	647
10	1,676	126	451	372	727
11	1,664	440	423	801	
12	1,664	426	442	796	
13	1,662	408	466	788	
14	1,653	363	508	782	
15	1,599	254	550	795	
16	1,558	139	593	826	
17	1,608	57	650	901	
18	1,647	16	691	940	
19	1,680	15	725	940	
20	1,695	12	750	933	
21	1,724	12	782	930	

■出所：適格退職年金・厚生年金基金・確定給付企業年金：生命保険協会・信託協会・JA共済連「企業年金の受託概況」より連合作成
　　　確定拠出年金：厚生労働省「規約数等の推移」より連合作成

図2[企業年金・退職給付の実施状況割合]

凡例：
■ 企業年金制度がある企業
□ 退職一時金制度のみの企業
▨ 退職給付制度がない企業

〈2013年〉

	企業年金制度がある企業	退職一時金制度のみの企業	退職給付制度がない企業
計	25.8	49.7	24.5
1,000人以上	72.1	21.5	6.4
300〜999人	61.2	28.2	10.6
100〜299人	36.1	45.9	18.0
30〜99人	18.6	53.4	28.0

〈2018年〉

	企業年金制度がある企業	退職一時金制度のみの企業	退職給付制度がない企業
計	21.5	59.0	19.5
1,000人以上	66.8	25.5	7.7
300〜999人	51.0	40.8	8.2
100〜299人	31.1	53.8	15.1
30〜99人	13.9	63.7	22.4

■出所：厚生労働省「就労条件総合調査」より連合作成

Ⅲ 現状と課題

2020年5月に成立した年金制度改革関連法にもとづき、制度の見直しが順次施行されている。確定給付企業年金（以下、ＤＢ）では2020年6月から支給開始時期の設定範囲が65歳から70歳までに拡大された。確定拠出年金（以下、ＤＣ）では2020年10月から簡易型ＤＣおよび中小事業主掛金納付制度の実施可能な従業員規模が100人以下から300人以下に拡大された。また、2022年4月からＤＣの老齢給付金の受給開始年齢の上限が70歳から75歳に引き上げられ、同年5月から加入可能年齢の上限について企業型ＤＣが70歳未満、個人型ＤＣが65歳未満に引き上げられた。さらに、同年10月から企業型ＤＣ加入者の個人型ＤＣ加入要件が緩和され、企業型ＤＣの規約の定めがなくとも上限内で個人型ＤＣに加入可能となり、マッチング拠出を導入している場合には個人型ＤＣとの選択が可能となった。さらに2024年12月には、ＤＢなど他制度掛金相当額にもとづき、ＤＣの拠出可能枠の上限を設定する改正法の施行が予定されている。

企業年金の多くは退職給付由来であり、賃金の後払いの性格を有するとともに、公的年金を補完する機能がある。しかし、企業年金の加入者は近年増加傾向にあるものの（図1）、企業年金制度がある企業の割合は従業員規模が小さい中小・零細企業ほど低い（図2）。

今後公的年金の給付水準が長期的に低下していく中、企業規模や雇用形態にかかわらず労働者が老後の所得を確保できるよう、企業年金のカバレッジを広げていく必要がある。労働組合として、①企業年金のない事業所における企業年金制度の整備、②「同一労働同一賃金ガイドライン」を踏まえた短時間・有期などで働く労働者への退職金規程の整備、③事業主によるＤＢ・企業型ＤＣから個人型ＤＣへの一方的な移行への監視などの取り組みが求められる。

13 すべての労働者に社会保険の完全適用を

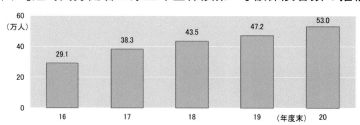

図1［短時間労働者の厚生年金保険第1号被保険者数の推移］

■注 ：短時間労働者とは、1週間の所定労働時間または1ヵ月間の所定労働日数が通常の労働者の4分の3未満であり、以下の要件を満たす厚生年金保険被保険者をいう ①1週間の所定労働時間が20時間以上であること ②雇用期間が1年以上見込まれること ③賃金の月額が8.8万円以上であること ④学生でないこと ⑤次のいずれかに該当すること ア．国、地方公共団体または従業員数が501人以上の会社で働いている イ．従業員数が500人以下の会社で働いていて、社会保険に加入することについて労使で合意がなされている。
■出所：厚生労働省「厚生年金保険・国民年金事業年報」（2020年度）より連合作成

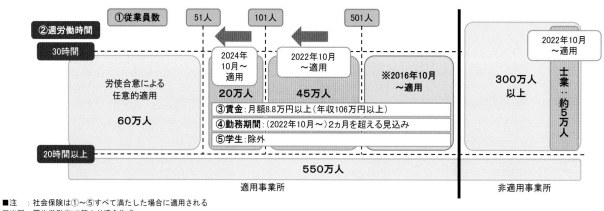

図2［短時間労働者等の社会保険の適用拡大（2020年改正法の施行）］

■注 ：社会保険は①〜⑤すべて満たした場合に適用される
■出所：厚生労働省HP等より連合作成

　社会保険の適用拡大が進められてきたことにより、短時間労働者の厚生年金被保険者数は増加している（図1）。この間適用範囲は、2016年10月から従業員501人以上の企業での週所定労働時間20時間以上、月額賃金8.8万円以上などの要件を満たす短時間労働者へ、2017年4月には従業員500人以下の企業での労使合意にもとづく企業単位での短時間労働者へと拡大された（国・地方公共団体は規模にかかわらず適用）。さらに、2020年5月に成立した年金制度改革関連法にもとづき、企業規模要件と勤務期間要件が引き下げられ、週所定労働時間が通常の労働者の3/4以上の者に加え、2022年10月からは①週所定労働時間20時間以上、②月額賃金8.8万円以上、③2ヵ月を超える雇用見込み、④学生ではない、⑤従業員101人以上の企業に勤務の条件を満たす短時間労働者に社会保険が適用された。
　今後、2024年10月には企業規模要件が51人以上に引き下げられる。5人以上を雇用する士業とあわせて、推計70万人が新たな適用対象に加わることになるが、依然として900万人以上にのぼる労働者が適用対象外である（図2）。
　雇用形態や勤務先の事業所の規模などの違いにより社会保険が適用されないことは不合理であり、誰もが安心して働き、暮らし続けられるようにするためには、さらなる適用拡大が必要である。労働組合として、①本来適用されるべき労働者全員が適用となっているかを点検・確認する、②事業主による適用逃れを目的とした就労調整が行われないよう労使協議を行う、③適用条件を下回る労働条件での雇用を認めない雇用ルールづくりに向けて労使協議を行う、④労働者自身が給付と負担について正確に理解するための周知徹底を行う、⑤従業員数100人以下の企業において適用を積極的に事業主に求めることなどが必要である。

14 事業所内に安心・安全な質の高い保育施設の設置を

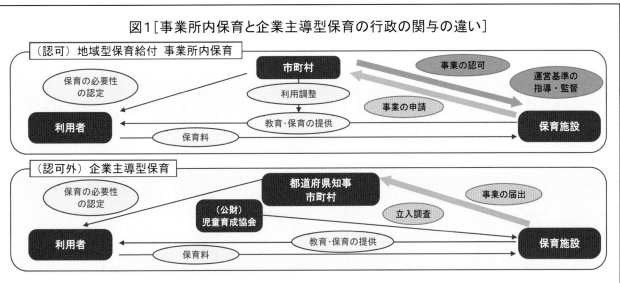

図1［事業所内保育と企業主導型保育の行政の関与の違い］

（認可）地域型保育給付 事業所内保育

保育の必要性の認定　市町村　事業の認可　運営基準の指導・監督
利用調整　事業の申請
利用者　教育・保育の提供　保育施設
保育料

（認可外）企業主導型保育

保育の必要性の認定　都道府県知事 市町村　事業の届出
（公財）児童育成協会　立入調査
利用者　教育・保育の提供　保育施設
保育料

■出所：内閣府「子ども・子育て支援新制度について」「企業主導型保育事業費補助金実施要綱」（2021年7月）より連合作成

図2［企業主導型保育事業における指導・監査の実施状況（2020年度）］

調査内容	施設数	指導等
立入調査	3,729（うちリモート監査1,496）	指摘事項があった施設 1,722（46.2％）
特別立入調査	33【31設置者】	文書指導があった施設19（57.5％）【17設置者（54.8％）】
午睡時抜き打ち調査	662（うちリモート監査662）	文書指導があった施設 20（3.0％）

■出所：「企業主導型保育事業における立入調査の状況について（2020年度結果）」「企業主導型保育事業における特別立入調査の状況について（2020年度結果）」「企業主導型保育事業における午睡時抜き打ち調査の状況について（2020年度結果）」を使用し連合作成

Ⅲ 現状と課題

事業所内保育所は、子ども・子育て支援新制度における地域型保育事業に分類され、事業所の従業員の子どもだけでなく、地域枠を設けることで地域にも保育を提供している施設である。

児童福祉法にもとづく市区町村の認可基準を満たし、職員の配置や保有資格、保育室などの面積や調理設備の設置基準などについて市区町村による立入検査や認可の取消しなどの指導・監督が行われ、保育の質が担保される仕組みとなっており、全国で666施設が設置されている（2021年4月）。なお、複数の企業が合同で設置することも可能である。

一方、保育の受け皿拡大のため政府が2016年度に新設した企業主導型保育所は、運営にあたって市区町村の関与がない認可外保育施設に位置づけられ（図1）、施設数は4,489施設（2022年3月）にのぼる。事業主などによる都道府県知事への届出のみで設置でき、保育士資格保有者が職員の半数を超えればよいなど、認可施設に比べ人員配置基準が緩和されている。また、公益財団法人児童育成協会が年に1度実施している立入調査では3,729施設のうち46.2％にあたる1,722施設に指摘事項があったうえ、運営などに問題が発生または発生のおそれがある施設や通報・苦情のあった施設を対象とする特別立入調査では57.5％の施設に文書指導を行われるなど、保育の質の向上が求められる（図2）。

育児と仕事の両立に不可欠な保育サービスは、子どもの安全が守られ保護者が安心して預けられる環境でなければならない。企業主導型保育事業については、職員の配置状況や施設の設置基準の遵守を労働組合が厳格にチェックすることや職員の保育士比率の引き上げ、市区町村との連携、指導・監査の徹底など、保育の質の向上のために事業運営を改善していく労使の取り組みが重要となる。

学校の働き方改革の推進で長時間労働の改善を

図1［教員の労働時間、出退勤時刻と休憩時間］

	勤務日（月～金）（1日平均）			週休日（土・日）（1日平均）			1週間の労働時間計			1ヵ月の労働時間計			1ヵ月の所定労働時間計	所定時間を上回る労働時間数	出退勤時刻		休憩時間		年休の取得日数	件数
	在校等時間	自宅仕事時間	勤務日の労働時間	在校等時間	自宅仕事時間	週休日の労働時間	在校等時間	自宅仕事時間	1週間の労働時間計	在校等時間	自宅仕事時間	1ヵ月の労働時間計			平均出勤時刻・時分	平均退勤時刻・時分	0分の比率	平均休憩時間		
																	（%）	（分）	（日）	（件）
2022年調査	11:21	0:46	12:07	2:06	1:18	3:24	60:57	6:26	**67:23**	266:30	27:16	**293:46**	170:30	**123:16**	7:30	19:00	54.6	9.7	12.1	8,477
2015年調査	11:29	0:43	12:12	2:42	1:14	3:56	62:49	6:03	**68:52**	274:14	25:38	**299:52**	170:30	**129:22**	7:32	19:14			10.8	3,339

■注 ：［1ヵ月の労働時間］の計算は、2022年調査は調査実施月の2022年6月のカレンダーを基準に計算し、2015年調査においても調査を2022年6月に実施したと仮定して計算（6月の勤務日数は22日で、週休日は8日）
■出所：連合総研「教職員の働き方と労働時間の実態に関する調査・中間報告」

図2［学校の働き方改革を進めるために、国、都道府県、市区町村が優先して取り組むべき課題］

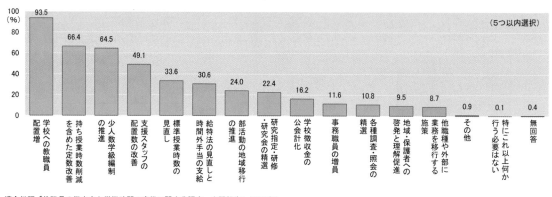

■出所：連合総研「教職員の働き方と労働時間の実態に関する調査・中間報告」（2022年）

学校の働き方改革を進めるうえで、公立学校などの教員の長時間労働が課題となっている。

教員の時間外勤務は、実習関連業務・学校行事関連業務・職員会議・災害等での緊急措置など、いわゆる「超勤4項目」に限られており、時間外の日常業務や校外活動、部活動などは「教員の自発的行為」として勤務と認められず、教員の長時間労働の大きな要因となっている。

そのため、「公立の義務教育諸学校等の教育職員の給与等に関する特別措置法（以下、給特法）」を改正し、附帯決議も踏まえて、勤務時間の上限に関する指針が2021年に策定され、2022年には1年単位の変形労働時間制が導入された。ただし、教育現場からは「効果を実感できない」との声も聞かれている。

こうした状況を受け、連合のシンクタンクである連合総研は、2022年6月に「教職員の働き方と労働時間の実態に関する調査」を実施した。

本調査の中間報告によると、「管理職は、教員の労働時間や健康の管理に努めている」が74.5%と肯定的評価が多かったが、2022年6月の教員の1ヵ月の時間外労働は、2015年調査と同水準の123時間16分で、過労死ラインを超過している。また、休憩時間が0分と回答した教員が54.6%と半数を超えている（図1）。

文部科学省においても実態を把握するために「教員勤務実態調査」を実施しており、2023年度中に結果が公表され、それをもとに改めて学校の働き方改革が検討されることとなっている。

連合は、連合総研の調査で明らかになった「国、都道府県、市区町村が優先して取り組むべき課題」を踏まえ、教職員の配置増や定数改善、部活動の地域移行とともに、教員の長時間労働の是正に向けた労働基準法第37条の適用など、給特法の抜本的な見直しを求めて、学校の働き方改革に参画していく（図2）。

16 深刻化する低投票率の改善に向けて

図1［衆議院選挙の投票率の推移］

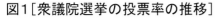

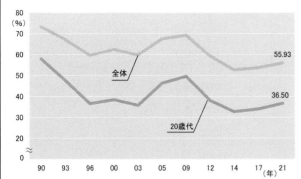

■出所：総務省「国政選挙における年代別投票率について」より連合作成

図2［参議院選挙の投票率の推移］

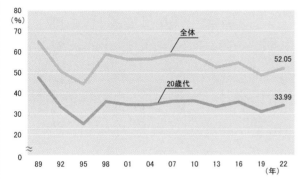

■出所：総務省「国政選挙における年代別投票率について」「第26回参議院議員通常選挙結果調査」より連合作成

図3［参議院選挙における合区の概要と問題点］

参議院選挙における一票の較差是正のため、2015年の公職選挙法改正で鳥取・島根、徳島・高知を1つの選挙区とする「合区」が創設されたが、投票率の低下や民意が届きづらくなるなどの問題が挙げられている。また、このまま一票の較差是正を合区で対処し続ける場合には、4県のほかにも対象となる県が増え、かつ飛び地や人口差の大きい隣県との合区になる可能性もあり、民意集約の観点から大きな問題がある。

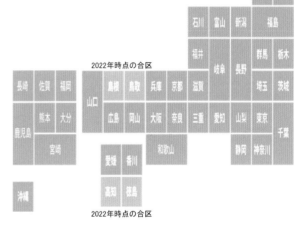

2022年時点の合区

■出所：連合作成

III 現状と課題

選挙は、民主主義国家において有権者が政治に参加し、その意思を反映させることのできる最も重要かつ基本的な機会である。

しかし、近年、日本では各級選挙での低投票率が深刻な問題となっている。衆議院選挙は2014年（第47回）に戦後最低の投票率を記録して以降、直近の2021年（第49回）に至るまで大きな改善は見られない（図1）。また、参議院選挙も投票率が6割を切る状況が続いており、直近の2022年（第26回）は52.05％と戦後4番目の低さである（図2）。

中でも日本の将来を担う若年層の低投票率はより深刻な状況で、国政選挙の20歳代の投票率は30％台にとどまる。

投票率が伸びない要因は複数指摘される。そのうち最も危惧すべきは、政治への関心・信頼の低下である。各種世論調査では、投票しなかった有権者の多くが「関心がない」「投票したい

候補者・政党がなかった」を理由に挙げている。

他に制度の問題もある。例えば2022年参議院選挙の投票所はピークの2001年と比べると約7,400ヵ所、約14％も減少している。「投票日に用事があり投票に行けなかった」という有権者も多数いる中で、共通投票所の設置や期日前投票時間の弾力的設定も十分には進んでいない。また、4県が対象の参議院の合区については、合区制度と低投票率の関連性が指摘されている。地方の人口減少が進んでいく中で、多くの問題をはらむ合区によって一票の較差を解消し続けることに合理性はない（図3）。

連合は、投票率の向上と民主主義のさらなる成熟に向けて、働く者・生活者の視点に立った与野党の建設的な政策論議、共通投票所・移動期日前投票所の拡充や電子投票制度の導入などの投票環境の整備、参議院の合区の解消、さらに、主権者教育の充実などを求めていく。

職場環境の改善

能力開発機会の確保による人への投資強化

図1［民間企業の人的投資の国際比較（対GDP比）］

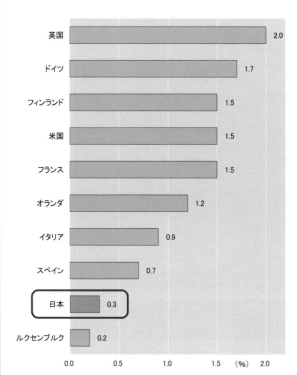

■注 ： 2010～2018年（米国のみ2010～2017年）の平均値。民間企業部門（除く住宅・公務・分類不能）
■出所：経済産業研究所・一橋大学「JIP2021データベース」、INTAN-Invest、EUKLEMS-INTANProdよりみずほリサーチ＆テクノロジーズ作成を元に連合一部加工

図2［OFF-JT・自己啓発の実施状況］

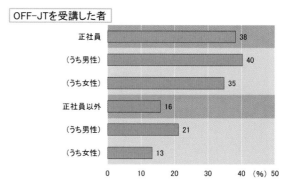

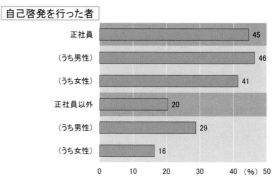

■注 ： OFF-JT：業務命令にもとづき職場外で行う教育訓練（研修）
自己啓発：労働者が職業生活を継続するために行う、職業に関する能力を自発的に開発し向上させるための活動
■出所：厚生労働省「能力開発基本調査報告書」（2021年度）より連合作成

　これまでの労働者の能力開発はOJTなど企業主導型の訓練が中心であった。今後のあらゆる社会変化に対応していくためには、これらの企業主導型の訓練に加え、労働者個人の学びへの支援が必要となる。

　政府は、能力開発など「人への投資」を強化するとして、2022年度からの5年間で1兆円規模の予算を投入する方針を打ち出している。

　日本の民間企業における人的投資の水準は主要先進国と比較しかなり低位にある（図1）。能力開発は、労働者の雇用安定と地位向上に資するのみならず企業の持続的な発展にもつながるものであり、労使交渉などを通じて、企業に能力開発に関する人的投資の拡充を求めていくことが必要である。

　また、厚生労働省「能力開発基本調査」（2021年度）の結果からは、雇用形態等によってOFF-JTと自己啓発の機会に差が生じているこ

とがわかる（図2）。同じく同調査結果からは、企業から自己啓発費用の補助を受けた割合、および自己啓発にあたって上司が協力的であったと感じた割合が、正社員に比べ正社員以外の方が低いことも明らかになっている。

　雇用形態などによって能力開発機会の提供に差が生じれば、労働者間の格差や分断に繋がる。また不利な立場に置かれた労働者の労働意欲やキャリアパスの阻害にも繋がりかねない。誰もが平等に受講できる環境の整備が不可欠である。

　能力開発の推進は、法に則り事業主の責務として実施されるべきであるが、実効性のある能力開発としていくためには、労使間で議論を重ね取り組んでいく必要がある。職場を熟知する労働組合が、事業主に対して、人材育成方針の明確化や、教育訓練休暇制度の導入、人材育成にかかる助成金の活用を促していくことなどが必要である。

18 豊かな生活時間とあるべき労働時間の実現に向けて

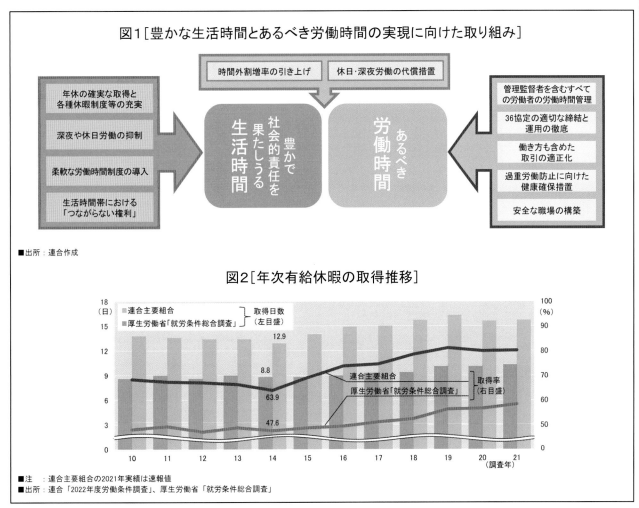

図1[豊かな生活時間とあるべき労働時間の実現に向けた取り組み]

■出所：連合作成

図2[年次有給休暇の取得推移]

■注　：連合主要組合の2021年実績は速報値
■出所：連合「2022年度労働条件調査」、厚生労働省「就労条件総合調査」

　「働くことを軸とする安心社会」をめざして、連合は2018年に「豊かな生活時間の確保とあるべき労働時間の実現に向けた方針」（以下、「方針」）を策定し、これまで社会的アピールなどの取り組みを行ってきた。

　方針では、すべての働く者が社会的責任を果たし得る「豊かな生活時間」の確保のために、年次有給休暇（以下、「年休」）の確実な取得や生活時間帯における「つながらない権利」の保障などを掲げている。また、職場で最大限のパフォーマンスが発揮できる「あるべき労働時間」の実現に向けては、労働時間の適正管理や３６協定の適切な締結と運用なども、重要な取り組みの一環としている。加えて、時間外割増率の引き上げや休日・深夜労働の代償措置の導入も、「相互の時間を確保」する取り組みとして提示している（図１）。連合主要組合の年間総労働時間は方針策定以降減少傾向にあったが、2022年

速報値（2021年データ）は1983時間で、前年（2020年データ：1971時間）比では増加している。

　年間総労働時間に大きな影響を及ぼす年休取得状況を見てみると、厚生労働省「就労条件総合調査」によれば近年は平均取得率・平均取得日数ともに横ばいだったが、2022年の調査では58.3％、10.3日とやや改善した。また、連合「労働条件調査」（2022年度）の主要組合速報値においても、平均取得率80.1％（前年比1.7ポイント増）と上向きに持ち直した（図２）。

　連合主要組合の平均取得率が厚生労働省調査結果を大きく上回っていることから、労働者の現状把握や計画的な取得の推進など、年休の取得促進に労働組合の取り組みが影響し得ると推察できる。「働くことを軸とする安心社会」の実現をめざすうえでも、年休完全取得に向けて労働組合の継続的な取り組みが必要不可欠である。

Ⅲ 現状と課題

19 長時間労働是正に向け着実な働き方改革推進を

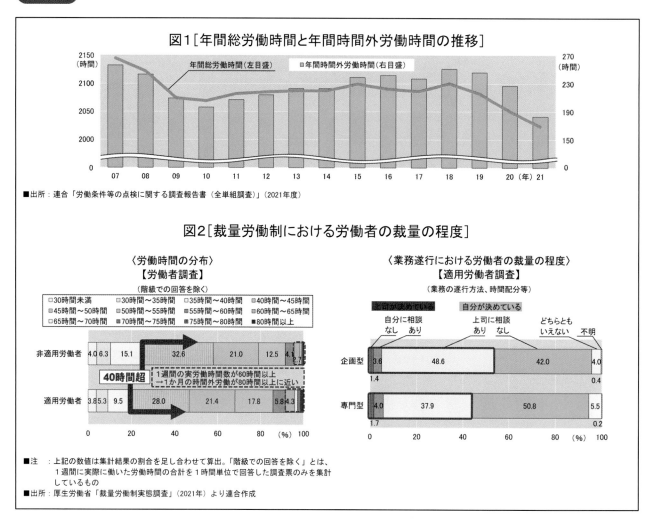

図1[年間総労働時間と年間時間外労働時間の推移]

■出所：連合「労働条件等の点検に関する調査報告書（全単組調査）」(2021年度)

図2[裁量労働制における労働者の裁量の程度]

〈労働時間の分布〉【労働者調査】（階級での回答を除く）

□30時間未満 □30時間～35時間 □35時間～40時間 ■40時間～45時間 ■45時間～50時間 ■50時間～55時間 ■55時間～60時間 ■60時間～65時間 ■65時間～70時間 ■70時間～75時間 ■75時間～80時間 ■80時間以上

〈業務遂行における労働者の裁量の程度〉【適用労働者調査】（業務の遂行方法、時間配分等）

■注：上記の数値は集計結果の割合を足し合わせて算出。「階級での回答を除く」とは、1週間に実際に働いた労働時間の合計を1時間単位で回答した調査票のみを集計しているもの
■出所：厚生労働省「裁量労働制実態調査」(2021年)より連合作成

2019年4月の働き方改革関連法の施行以降、時間外労働に対する上限規制の導入や月60時間超の割増賃金率の引き上げなど、長時間労働の是正がはかられてきた。連合の「2021年度労働条件等の点検に関する調査」からは、時間外労働時間、年間総労働時間とも2018年から減少に転じていることが分かる（図1）。

労働時間制度は時代の要請を踏まえ多様化してきた。育児や介護、治療と仕事との両立、また社会経済環境の変化により増加した柔軟な働き方を求める声に対応して、各職場労使が協議のうえ、「短時間勤務制度」や「フレックスタイム制」などの労働時間制度が有効に活用されている場合もあるが、労働時間の把握・管理の面においては懸念もある。労働組合としては、春季生活闘争を通じ、改めて状況を点検し、問題がある場合には適正な運用に向け労使で協議することが必要だ。

また裁量労働制について、労使協議などが実効性あるかたちで機能し、適正に運用されている職場もある一方、厚生労働省の調査からは、長時間労働者の割合の高さ、労働者の実質的な裁量の有無など様々な課題が見える（図2）。適正な制度履行には、制度趣旨の正しい理解と、労働時間や健康状況など職場実態の点検が欠かせない。そのうえで課題がある場合には改善をはかることが重要だ。

2023年4月1日には中小企業への月60時間超の時間外労働に対する割増賃金率の引き上げが、2024年には適用猶予業務への時間外労働の上限規制が適用開始となり、いよいよ働き方改革関連法は全面施行となる。今一度すべての職場において、制度の周知徹底をはかるとともに、36協定の点検と見直しを行うなど長時間労働是正の取り組みを徹底し、ワーク・ライフ・バランス、過労死等ゼロを実現しよう。

20 無期転換制度の職場定着と雇用安定の実現

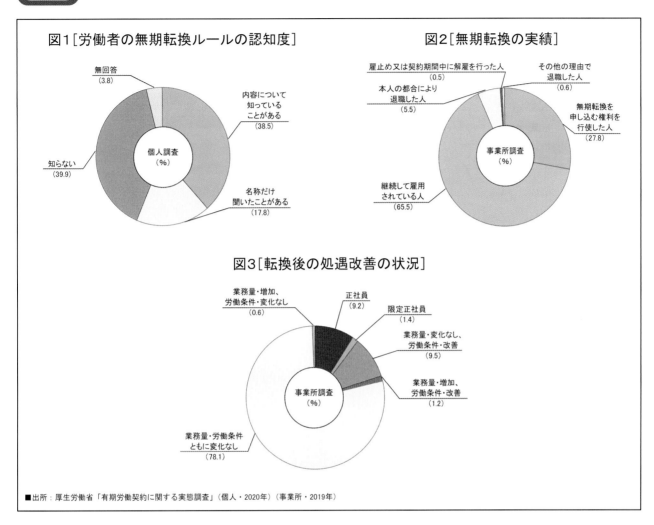

図1[労働者の無期転換ルールの認知度]

無回答
(3.8)

内容について
知っている
ことがある
(38.5)

個人調査
(%)

知らない
(39.9)

名称だけ
聞いたことがある
(17.8)

図2[無期転換の実績]

雇止め又は契約期間中に解雇を行った人
(0.5)

本人の都合により
退職した人
(5.5)

その他の理由で
退職した人
(0.6)

無期転換を
申し込む権利を
行使した人
(27.8)

事業所調査
(%)

継続して雇用
されている人
(65.5)

図3[転換後の処遇改善の状況]

業務量・増加、
労働条件・変化なし
(0.6)

正社員
(9.2)

限定正社員
(1.4)

業務量・変化なし、
労働条件・改善
(9.5)

業務量・増加、
労働条件・改善
(1.2)

事業所調査
(%)

業務量・労働条件
ともに変化なし
(78.1)

■出所：厚生労働省「有期労働契約に関する実態調査」（個人・2020年）（事業所・2019年）

有期労働契約が更新されて通算５年を超える場合、労働者の申込みにより無期労働契約に転換できる、いわゆる「無期転換ルール」がスタートして約９年が経過した。

無期転換ルールの目的は有期契約労働者の雇用の安定をはかることであり、その活用を促進していくことが重要である。しかし、厚生労働省の調査によれば、無期転換ルールの「内容について知っていることがある」と回答した労働者の割合は38.5％にとどまり、いまだにルールが十分認知されていない（図１）。また、無期転換権を有する労働者に無期転換を案内している企業は５割程度しかなく、実際に無期転換権を行使した人がいた企業の割合は27.8％にとどまっている（図2）。さらなる制度活用を進めていくためには、希望者が確実に無期転換できるよう、契約更新ごとの個別通知など一層の対応を労働組合から会社に働きかけることが必要である。

また、無期転換後の労働条件は、就業規則などに変更を行う旨の定めがなければ、従前の有期労働契約の内容と同一となる。調査でも無期転換後「業務量・労働条件ともに変化なし」との回答割合が78.1％と多数を占めている（図３）。

しかし、業務量などが増える一方で処遇が変わらないケースや、無期転換申込後の不当な労働条件の引き下げなどの問題も生じている。無期転換者の処遇改善をはかるため、転換後の職務や責任などに見合った待遇となるよう求めることや、労働条件全般の点検・改善に向けた継続的な労使協議などの取り組みが不可欠である。

2023春季生活闘争においても、無期転換回避のための雇止め防止はもとより、さらなる無期転換の促進や処遇改善、５年より短い期間での無期転換、正社員化などに積極的に取り組む必要がある。あわせて、同じ職場で働く有期契約労働者の組織化にも連合は取り組んでいく。

Ⅲ 現状と課題

21 高齢期におけるディーセント・ワークの実現

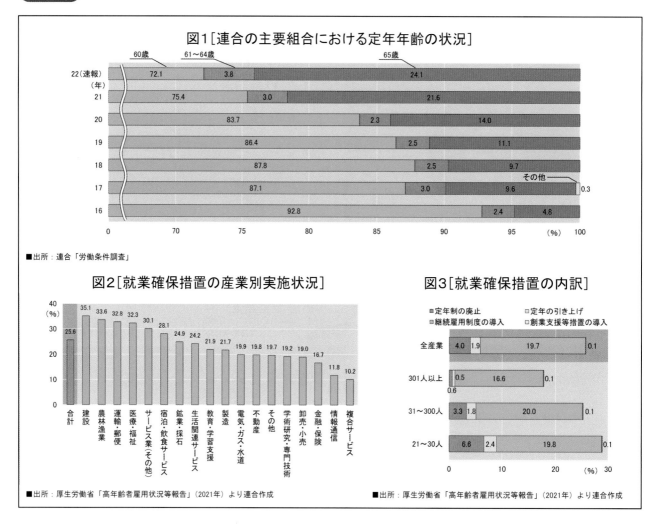

図1［連合の主要組合における定年年齢の状況］

| 60歳 | 61～64歳 | 65歳 | その他 |

（年）			
22（速報）	72.1	3.8	24.1
21	75.4	3.0	21.6
20	83.7	2.3	14.0
19	86.4	2.5	11.1
18	87.8	2.5	9.7
17	87.1	3.0	9.6 / 0.3
16	92.8	2.4	4.8

■出所：連合「労働条件調査」

図2［就業確保措置の産業別実施状況］

合計 25.6／建設 35.1／農林漁業 33.6／運輸・郵便 32.8／医療・福祉 32.3／サービス業（その他）30.1／宿泊・飲食サービス 28.1／鉱業・採石 24.9／生活関連サービス 24.2／教育・学習支援 21.9／製造 21.7／電気・ガス・水道 19.9／不動産 19.8／その他 19.7／学術研究・専門技術 19.2／卸売・小売 19.0／金融・保険 16.7／情報通信 11.8／複合サービス 10.2

■出所：厚生労働省「高年齢者雇用状況等報告」（2021年）より連合作成

図3［就業確保措置の内訳］

■定年制の廃止　□定年の引き上げ
■継続雇用制度の導入　□創業支援等措置の導入

	定年制の廃止	定年の引き上げ	継続雇用制度の導入	創業支援等措置の導入
全産業	4.0	1.9	19.7	0.1
301人以上	0.6	0.5	16.6	0.1
31～300人	3.3	1.8	20.0	0.1
21～30人	6.6	2.4	19.8	0.1

■出所：厚生労働省「高年齢者雇用状況等報告」（2021年）より連合作成

　高年齢者雇用安定法の改正（1994年・1998年施行）により、60歳定年が法令上義務化されてから約四半世紀。人口減少と超少子・高齢化の進行、高齢者の就業意欲の高まりなどを背景に、誰もが安心して働き続けることができる環境整備はわが国にとって喫緊の課題となっている。

　連合は2020年に策定した「60歳以降の高齢期における雇用と処遇に関する取り組み方針」において、65歳までの雇用は、雇用と年金の確実な接続の観点から、定年引き上げを基軸に取り組むことを確認した。当該方針などを踏まえ各組織が取り組みを進めており、連合の主要組合における65歳定年割合は2022年には24.1％に達し、取り組みは根付きつつある（図1）。なお、60歳前後で賃金・労働条件に差を設けているケースでは、年齢にかかわりなく高いモチベーションをもって働き続けることができる制度構築に向けて今後の取り組みが必要である。

　また、2021年4月には、企業に70歳までの高年齢者就業確保措置を講じることが努力義務化された。厚生労働省調査によれば、同措置の実施済企業割合は25.6％であり、これを産業別に分析すると、最も高いのが建設の35.1％、以降、農林漁業（33.6％）、運輸・郵便（32.8％）と続く。一方で10％台前半の業種もあるなど、業種間の差が見受けられる（図2）。なお、同措置は、①定年廃止、②定年引き上げ、③継続雇用制度の導入、④創業支援等措置（業務委託契約締結制度の導入、社会貢献事業に従事できる制度の導入等）が認められているが、現状の多くは③継続雇用制度であり（19.7％）、非雇用措置である④創業支援等措置（0.1％）はごく少数である（図3）。労働組合としては、70歳までの就労は、希望者すべてが労働関係法令の保護を享受できる「雇用」で働くことができる制度構築に取り組むことが重要である。

22 テレワーク導入に向けて労使で環境整備を

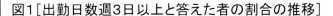

図1［出勤日数週3日以上と答えた者の割合の推移］

図2［テレワークの課題］

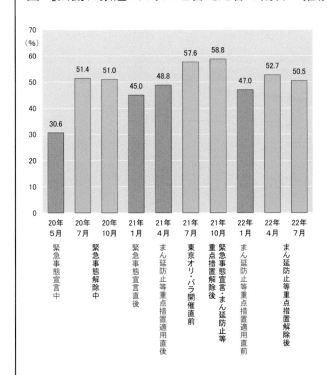

■注：図の数値は各回調査母数のうち、現在行っている働き方の設問に対し「自宅での勤務」「サテライトオフィス、テレワークセンター等特定の施設での勤務」「モバイルワーク」と回答した者における回答割合。各調査時点の直近1週間の状況について回答
■出所：日本生産性本部「第10回働く人の意識調査」（2022年7月）

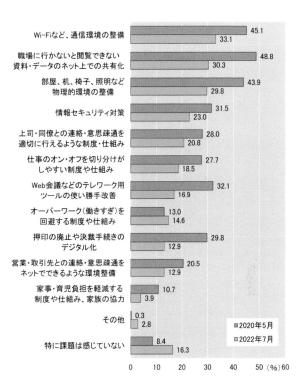

■出所：日本生産性本部「第10回働く人の意識調査」（2022年7月）

Ⅲ 現状と課題

　テレワークはライフステージやワーク・ライフ・バランスに応じた多様な働き方の選択肢のひとつである。コロナ禍で社会的な密の回避のための緊急避難策として急速に広まったものの、今後の定着にはいまだ課題が少なくない。

　日本生産性本部の「第10回働く人の意識に関する調査」によると、2020年5月以降、緊急事態宣言・まん延防止等重点措置の適用時には出勤日数が減少し、解除されると増加しているが、徐々にその振れ幅は小さくなっている。当初は緊急避難的だったテレワークの実施が、一定程度落ち着いてきた様子が見てとれる（図1）。

　他方、テレワークの課題を尋ねた調査（図2）で2020年5月と2022年7月を比較すると、「特に課題を感じていない」という回答が約2倍程度に増加しており、テレワークが浸透しつつあることが見てとれる。一方2022年7月時点でも「部屋、机、椅子、照明などの物理的環境の整備」

「Wi-Fiなど、通信環境の整備」「職場に行かないと閲覧できない資料・データのネット上での共有化」は依然30％前後が課題と感じており、「オーバーワーク（働きすぎ）を回避する制度や仕組み」に至っては回答割合が増えている。就業環境の整備・確保とその費用負担などがテレワーク制度のさらなる定着の課題であると同時に、新しい働き方に見合った労務管理や人事評価のあり方など、関連する社内ルールの見直しも含めた労使協議が不可欠である。

　連合は2020年9月に「テレワーク導入に向けた労働組合の取り組み方針」を策定した。テレワークの導入に際してはこれに則り、労働諸条件の変更が使用者の一方的な取り決めとならないよう労使協定を締結するなど、労使でのルール策定が必要である。そのうえで、運用実態を踏まえ必要に応じ新しい働き方に適応した社内ルールの見直しも検討すべきである。

23 障害者雇用の質の向上に向けた取り組みを

図1[企業規模別実雇用率の推移]

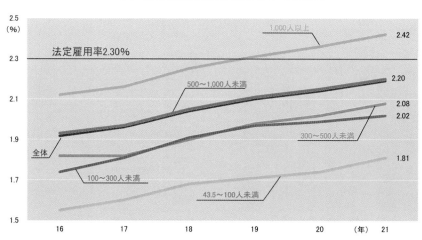

■出所：厚生労働省「障害者雇用状況調査」（2021年度）より連合作成

図2[週20時間未満での就職を希望する理由（障がい種別）]

	身体障がい	知的障がい	精神障がい
症状・障害の進行	28.0%	18.9%	24.8%
体調の変動・維持	53.9%	55.3%	75.7%
入院治療	0.4%	0.7%	1.4%
家庭の事情	13.8%	16.1%	11.8%
加齢に伴う体力・能力等の低下	15.5%	13.4%	10.4%
その他(他の事業所やサービスの併用など)	19.8%	24.6%	7.9%

■出所：独立行政法人 高齢・障害・求職者雇用支援機構「障害者の週20時間未満の短時間雇用に関する調査研究」（2022年3月）より連合作成

　2021年の雇用障害者数および実雇用率は過去最高を更新し、障害者雇用は労使の取り組みもあり着実に進展している。共生社会やノーマライゼーションをさらに推進するためには、障害者雇用の促進とともに、障がい者が安心して働き続けられる環境整備や合理的配慮の提供を含めた「質」の向上が不可欠である。

　今般、改正予定の障害者雇用促進法においては、こうした観点も踏まえ、障害者雇用を促進する助成金の拡充やノウハウ支援の充実、障がい者の能力開発やキャリア形成支援の強化、障がい特性に配慮し週20時間未満の短時間雇用を実雇用率に算定することなどが盛り込まれた。

　厚生労働省「障害者雇用状況調査」によれば、法定雇用率2.30％に対して、全体平均は2.20％となっており、企業規模1,000人以上を除き、法定雇用率を達成できていない状況にある（図1）。今後、2023年度以降の雇用率引き上げに向けた

議論が予定されており、労働組合は自社の雇用する障がい者数を把握したうえで、事業主に対し、今般拡充される助成金や支援策の活用を促すなど、障害者雇用の推進を働きかけることが重要である。同時に、雇用の質の向上や働く障がい者の活躍促進のため、能力開発機会や障がい特性に配慮したキャリアコンサルティング機会の確保にも取り組んでいく必要がある。

　また、障がいにより長時間は困難だが短時間でも働きたいという希望は一定程度存在し、高齢・障害・求職者雇用支援機構の調査によれば、「週20時間未満での就職を希望する理由」として「体調や症状の変化」との回答が多い（図2）。労働組合として就労機会の確保・拡大に取り組むとともに、個々人の意見や症状などを踏まえつつ、フルタイム雇用への移行支援や、業務量調整などを含めた合理的配慮の提供を求めていくことが必要である。

24 あらゆるハラスメントの根絶に向けて

図1［勤め先にあるハラスメント防止措置］

〈ハラスメント内容・方針の明確化、周知・啓発〉

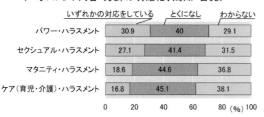

いずれかの対応をしている　とくになし　わからない

	いずれかの対応をしている	とくになし	わからない
パワー・ハラスメント	30.9	40	29.1
セクシュアル・ハラスメント	27.1	41.4	31.5
マタニティ・ハラスメント	18.6	44.6	36.8
ケア（育児・介護）・ハラスメント	16.8	45.1	38.1

0　20　40　60　80　(%) 100

「いずれかの対応をしている」の内訳（%）	パワハラ	セクハラ	マタハラ	ケアハラ
ハラスメントの内容が明確化されている	18.3	15.2	10.7	11.7
ハラスメント禁止と明記した方針あり	15.8	13.4	7.8	7.7
ハラスメント防止の方針あり（禁止は明記は無し）	3.3	3.1	2.6	3.9
ハラスメント行為者への対処方針・対処内容を就業規則に規定	6.3	5.6	3.1	0.8

※赤字はハラスメント対策関連法で定められている措置義務

〈ハラスメントの相談窓口の設置、周知など〉

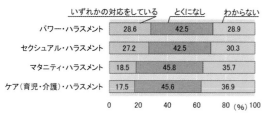

いずれかの対応をしている　とくになし　わからない

	いずれかの対応をしている	とくになし	わからない
パワー・ハラスメント	28.6	42.5	28.9
セクシュアル・ハラスメント	27.2	42.5	30.3
マタニティ・ハラスメント	18.5	45.8	35.7
ケア（育児・介護）・ハラスメント	17.5	45.6	36.9

0　20　40　60　80　(%) 100

■出所：連合「仕事の世界におけるハラスメントに関する実態調査2021」

図2［過去3年間のハラスメント該当件数の傾向］

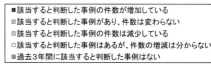

- ■該当すると判断した事例の件数が増加している
- ▨該当すると判断した事例があり、件数は変わらない
- ▧該当すると判断した事例の件数は減少している
- □該当すると判断した事例はあるが、件数の増減は分からない
- ■過去3年間に該当すると判断した事例はない

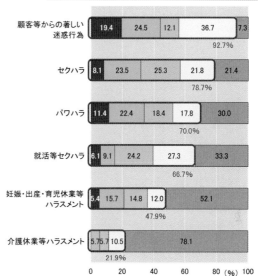

	■	▨	▧	□	■	計
顧客等からの著しい迷惑行為	19.4	24.5	12.1	36.7	7.3	92.7%
セクハラ	8.1	23.5	25.3	21.8	21.4	78.7%
パワハラ	11.4	22.4	18.4	17.8	30.0	70.0%
就活等セクハラ	6.1	9.1	24.2	27.3	33.3	66.7%
妊娠・出産・育児休業等ハラスメント	5.4	15.7	14.8	12.0	52.1	47.9%
介護休業等ハラスメント	5.7	5.7	10.5		78.1	21.9%

0　20　40　60　80　(%) 100

■注　：過去3年間に各ハラスメントまたは不利益取り扱いに関する相談を取り扱った企業
■出所：厚生労働省「職場のハラスメントに関する実態調査・企業調査」（2020年度）

Ⅲ 現状と課題

　ハラスメント対策関連法（2020年6月施行）が2022年4月に全面施行され、セクハラ、マタハラ、ケアハラとともに、パワハラに関する雇用管理上の防止措置が全事業主に義務化された。2020年10月実施の企業調査（厚生労働省「職場のハラスメントに関する実態調査」）で相談体制を整備している企業割合を見ると、全体では78.6％に対し99人以下では55.4％となっており、企業規模により差が見られる。同法の施行を契機に全企業でハラスメント防止の取り組みが進むことが期待される。

　ハラスメント防止の環境整備には、制度があるだけでなくそれが認知され、ハラスメントについての理解が職場に浸透することが重要だ。連合が働く人を対象に実施した調査では、職場の防止措置の有無が「わからない」とする割合が3～4割に及ぶなど、制度の認知度は低い（図1）。一方、被害に直面した組合員を対象にした

調査（連合鳥取ハラスメントに関する実態調査2021）では「相談窓口なし」6.1％、「わからない」15.0％となっており、ハラスメント対策で労働組合の果たす役割の大きさがうかがえる。

　近年、カスタマー・ハラスメントや就活等セクハラなどの割合が高くなっているが（図2）、同法では第三者によるハラスメントの防止は「望ましい取組」にとどまり義務化はされていない。しかし同法の付帯決議やILO第190号条約では、上記に加えフリーランスや性的マイノリティに関連するハラスメントなど、幅広い対象に対して措置を講ずることを求めている。

　被害者の人格などを侵害し就業環境全体を悪化させるハラスメントの根絶に向けて、付帯決議を足掛かりに被害者・行為者の対象に第三者も含めるとともに禁止規定など実効性ある国内法整備を進め、その結果をILO条約批准につなげるなど、さらなる取り組みが重要である。

25 産後パパ育休の活用が男女の就業継続のカギ

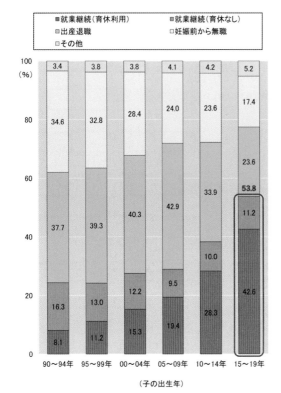

図1［女性の出産後就業継続率］

- 就業継続（育休利用）
- 就業継続（育休なし）
- 出産退職
- 妊娠前から無職
- その他

■注 ： 対象は出生子ども数1人以上で、2014年以前は妻の年齢50歳未満
第16回は妻が50歳未満で結婚し妻の調査時年齢55歳未満の初婚夫婦
■出所：国立社会保障・人口問題研究所「出生動向基本調査（夫婦調査）」（2021年）

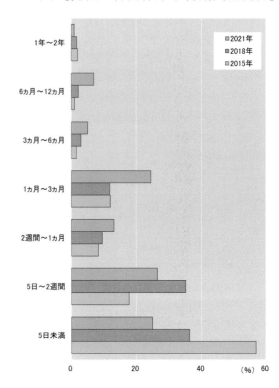

図2［男性の育児休業取得期間別割合］

- 2021年
- 2018年
- 2015年

■注 ： 第1子の出生年別
■出所：国立社会保障・人口問題研究所「出生動向基本調査（夫婦調査）」（2021年）

　女性の出産後就業継続率の推移を見ると、第1子出産を機に退職する割合が23.6％にまで減少する一方で、出産後も働き続けている割合は53.8％に達し、半数を超えた（図1）。

　育児・介護休業法の改正により「出生時育児休業（産後パパ育休）」制度が創設され、2022年10月から施行された。これまで特例として設けられていた「パパ休暇」を見直し、主として男性が子どもの出生後8週間以内に最長4週間の休暇取得が可能となる。出産後の大切な期間など、育児休業を各自の事情に合わせて組み合わせながら柔軟に取得できるようになる。

　男性の育児休業取得率は、2021年に約14％を記録したが、取得期間は半数以上が2週間未満、そのうち半数は5日未満という短期間にとどまっていることを見過ごしてはならない（図2）。男性の家事・育児時間は着実に増加してはいるが、家事・育児の負担が女性に集中している傾向を改善しなければならない。

　男性が育児休業を取得しない理由として「仕事の代替要員がいない」「取得できる雰囲気が職場にない」「所得が低下してしまう」などが挙げられており（連合「男性の育児等家庭的責任に関する意識調査2020」）、男性の育児休業取得を阻む環境が浮き彫りになっている。職場で男性の育児休業取得を積極的に進めるためには、休業に備える人員計画や代替要員の配置が可能になるよう早めの話し合いを行うなどの工夫と、そのためには当事者が気後れせずに申し出を行える職場環境を整備することが必要だ。そして何よりも、育児休業中に不在となる期間をカバーする職場の理解と協力が不可欠である。

　男性が十分に育児休業を取得して家事・育児へ積極的に関与することで女性の過重な育児負担を軽減させ、働く女性がスムーズに場復帰できるよう、労働組合の取り組みが必要である。

26 賃金実態の把握から始める規模間格差の是正

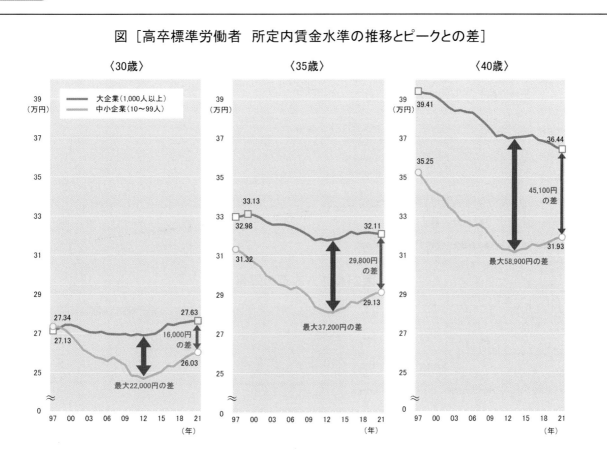

図 ［高卒標準労働者　所定内賃金水準の推移とピークとの差］

〈30歳〉　　　〈35歳〉　　　〈40歳〉

大企業（1,000人以上）
中小企業（10〜99人）

〈30歳〉
27.34　27.63
27.13　16,000円の差
26.03
最大22,000円の差

〈35歳〉
33.13　32.11
32.98
31.32　29,800円の差
29.13
最大37,200円の差

〈40歳〉
39.41　36.44
45,100円の差
35.25　31.93
最大58,900円の差

■注　：回帰分析の手法で所定内賃金水準（男性高卒標準労働者）を算出し、当該年の前後3ヵ年を移動平均
■出所：厚生労働省「賃金構造基本統計調査」より連合作成

厚生労働省が毎年実施している「賃金構造基本統計調査（通称、「賃金センサス」）」をもとに1997年以降、高卒標準労働者（高校卒業後直ちに就職し、そのまま働き続けている者）の30歳・35歳・40歳時点の所定内賃金水準の推移を時系列で表したのが上図である。ピーク時点は年齢と企業規模により異なり、30歳・大企業は直近2021年が最も高くなったが、それ以外では依然ピーク時点の水準を超えておらず、減少幅は大企業より中小企業が、また年齢が高くなるほど大きくなっていることが見て取れる。

また、同年齢の企業規模間格差は30歳では2012年、35歳および40歳では2013年が最大で、以降は縮小傾向にあるものの、依然として是正されていない。

格差の最も大きな要因は付加価値の適正分配がなされていないこと、およびコスト負担が中小企業に偏っていることであるが、それ以外に

も定昇制度の有無や労働組合による賃金実態把握の有無が影響していると考えられる。実際、連合「2021年度労働条件等の点検に関する調査」によれば、「賃金カーブ維持＋賃金改善」の割合は、「定昇制度あり」の場合、組合による賃金実態把握の有無で9.9ポイント（有85.0％と無75.1％）、「定昇制度なし」では2.2ポイント（有59.4％と無57.2％）の差がある。定昇制度がなくても、組合が個人別の賃金実態の把握を通じて賃金カーブの維持分を算出の上、同地域・同産業の賃金実態と比較したデータは、会社に対して説得力のある賃上げ要求の根拠になり得る。

連合は、地域・産業の賃金相場の形成に向けて、組合員の賃金データを収集・分析し、参画した労働組合にフィードバックする「地域ミニマム運動」を1995年から展開している。この運動を含め、各組合が自らの賃金実態の把握に取り組むことが格差の是正に向けた第一歩になる。

Ⅲ　現状と課題

27 働き方も含めた取引の適正化を実現しよう！

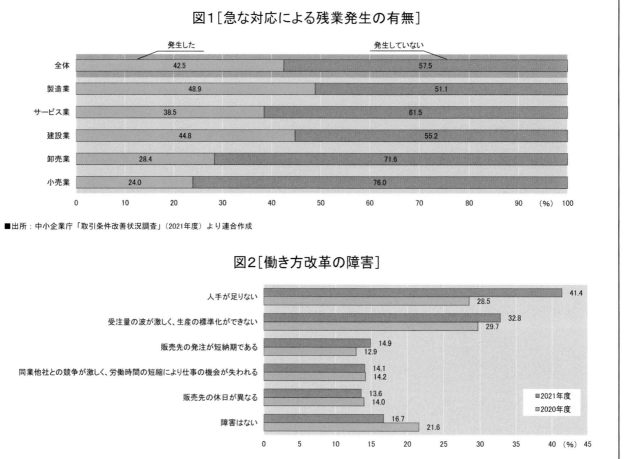

図1［急な対応による残業発生の有無］

発生した　　　　　発生していない

	発生した	発生していない
全体	42.5	57.5
製造業	48.9	51.1
サービス業	38.5	61.5
建設業	44.8	55.2
卸売業	28.4	71.6
小売業	24.0	76.0

■出所：中小企業庁「取引条件改善状況調査」（2021年度）より連合作成

図2［働き方改革の障害］

	2021年度	2020年度
人手が足りない	41.4	28.5
受注量の波が激しく、生産の標準化ができない	32.8	29.7
販売先の発注が短納期である	14.9	12.9
同業他社との競争が激しく、労働時間の短縮により仕事の機会が失われる	14.1	14.2
販売先の休日が異なる	13.6	14.0
障害はない	16.7	21.6

■出所：中小企業庁「取引条件改善状況調査」より連合作成

　取引の適正化は、中小企業が利益を確保し、賃金や労働条件を向上させ、働き方の改善を進めるために不可欠である。年次有給休暇の取得義務や時間外労働の上限規制など「働き方改革関連法」は、中小企業にも適用されている。

　働き方も含めた取引の適正化の実現に向けて、職種別の「下請適正取引等推進のためのガイドライン」や「自主行動ガイドライン」の策定・実践が進められているが、中小企業庁「取引条件改善状況調査（2021年度）」によると、急な対応による残業発生の有無について、受注側の42.5％が「発生した」と回答した（図1）。また働き方改革の障害となるものについては、「人手が足りない」「受注量の波が激しく、生産の平準化ができない」との回答が多く、「障害はない」と回答した割合は16.7％にすぎない（図2）。

　こうした状況を踏まえ、厚生労働省、公正取引委員会、中小企業庁が共同で毎年11月を「し

わ寄せ」防止キャンペーン月間と位置づけ、厚生労働省の「過重労働解消キャンペーン」および公正取引委員会・中小企業庁の「下請取引適正化推進月間」が連携して、経営トップセミナーの開催など、大企業の働き方改革に伴うしわ寄せ防止に向けた集中的な取り組みを展開している。下請中小企業振興法にもとづく振興基準には、「親事業者は下請事業者の働き方改革を阻害し、不利益となるような取引や要請を行わないものとする」とされており、実効性を高めることが急務である。

　連合は、すべての労働者が生きがい・働きがいを通じて豊かに働くことのできる社会の実現をめざし、春季生活闘争において「サプライチェーン全体で生み出した付加価値の適正分配」に取り組むとともに、政府が進める「パートナーシップ構築宣言」のさらなる拡大と実効性向上に積極的に参画していく。

28 均等・均衡の取り組み促進による格差是正

図1[無期転換後の処遇への満足度]

〈「仕事がほぼ同じ正社員」と処遇等を比較した満足度〉

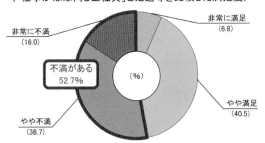

非常に満足
(6.8)

非常に不満
(16.0)

不満がある
52.7%

(%)

やや満足
(40.5)

やや不満
(36.7)

- ■注 ：「仕事がほぼ同じ」正社員が会社にいる無期転換社員の回答
「仕事がほぼ同じ」とは、労働者からみた業務内容と責任の範囲が同じかどうかであり、職務内容・配置の変更範囲等まで同じであるかは本調査では把握していないことに留意が必要
- ■出所：JILPT「多様化する労働契約の在り方に関する調査（個人）」（2021年1月調査）より連合作成

図3[「同一労働同一賃金」の法施行後の派遣労働者の賃金]

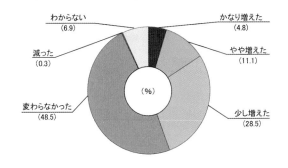

わからない
(6.9)

かなり増えた
(4.8)

減った
(0.3)

やや増えた
(11.1)

変わらなかった
(48.5)

(%)

少し増えた
(28.5)

- ■出所：JILPT「派遣労働をめぐる政策効果の実証分析」（2022年3月）より連合作成

図2[無期転換後の処遇で不満を感じた具体的な事柄]

〈図1で「不満がある」と回答した無期転換社員〉

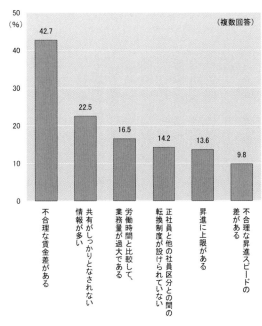

（複数回答）

項目	%
不合理な賃金差がある	42.7
共有がしっかりとなされない情報が多い	22.5
労働時間と比較して、業務量が過大である	16.5
正社員と他の社員区分との間の転換制度が設けられていない	14.2
昇進に上限がある	13.6
不合理な昇進スピードの差がある	9.8

- ■出所：JILPT「多様化する労働契約の在り方に関する調査（個人）」（2021年1月調査）より連合作成

労働組合として、同じ職場で働く仲間の処遇改善は重要な取り組みであり、雇用形態を問わない「同一労働同一賃金」を着実に推進することが必要である。春季生活闘争を通じて、パート・有期雇用労働者の各種手当や休暇制度、教育訓練はもとより、基本給を含めたあらゆる待遇を点検・確認し、不合理な待遇差があれば、当事者の声を踏まえたうえで労使協議を行い、是正に取り組んでいくことが不可欠である。

また、「同一労働同一賃金」にかかる法令の適用を受けない無期転換労働者の処遇改善も重要だ。厚生労働省の調査では、「仕事がほぼ同じ」正社員との待遇を比較し「不満がある」と回答した無期転換後の労働者は半数以上にのぼり（図1）、うち4割強が不合理な賃金差があると回答している（図2）。転換前の段階で「同一労働同一賃金」により待遇間格差を是正することはもとより、転換時における「別段の定め」を

活用した労働条件の引き上げ、また転換後における、法を上回る取り組みとしてパート・有期雇用労働者と同様に待遇確認と処遇改善に取り組むことが求められる。

派遣労働者の処遇改善については、厚生労働省調査で、法施行後に派遣労働者の賃金が「増えた」とする派遣元事業者の回答が約半数あり、待遇改善に一定の前進が見られるものの、「変わらない」「減った」の合計はそれを上回る（図3）。派遣労働者の処遇改善に派遣元および派遣先の労働組合が果たす役割は大きい。派遣元労働組合は待遇決定方式に関する労使協議や待遇格差是正の実効性の向上に、派遣先労働組合では自社の労働者との不合理な待遇差の有無のチェックと是正に取り組むことが必要だ。

連合は労働者のあらゆる待遇間格差の是正に向け、関係法令の周知と定着をはかるとともに、法を上回る取り組みを引き続き推進していく。

29 女性活躍推進法の活用で男女間賃金格差是正を

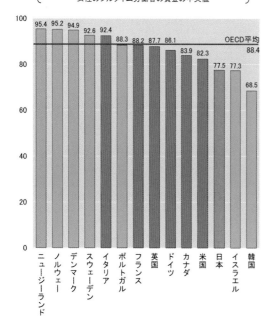

図1［男女間賃金格差の国際比較］

男性のフルタイム労働者の賃金の中央値を100とした場合の
女性のフルタイム労働者の賃金の中央値

ニュージーランド 95.4
ノルウェー 95.2
デンマーク 94.9
スウェーデン 92.6
イタリア 92.4
ポルトガル 88.3
フランス 88.2
英国 87.7
ドイツ 86.1
カナダ 83.9
米国 82.3
日本 77.5
イスラエル 77.3
韓国 68.5

OECD平均 88.4

■出所：内閣府「男女共同参画白書」（2022年）

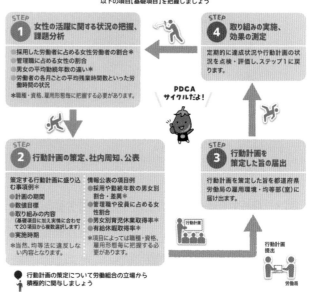

図2［女性活躍推進法の一般事業主行動計画］

■出所：連合作成

　連合はこれまで、男女間賃金格差の是正に向けた様々な取り組みを展開しており、2021年に設置された政府の「新しい資本主義実現会議」においても、その重要性を繰り返し指摘してきた。2022年1月に岸田首相が施政方針演説で男女の賃金差異に関する情報公表に言及し、同年6月、労働政策審議会雇用環境・均等分科会において女性活躍推進法の省令改正が審議され、7月8日に改正省令が施行・公布されている。省令改正により、301人以上の労働者を常時雇用する事業主を対象に、男女の賃金差異の把握が義務化され、情報公表すべき必須項目に位置づけられた。女性活躍推進法は元来、男女の賃金差異の是正に取り組む主旨を包含しているが、その側面の強化がはかられた形になる。

　一方で、2020年初頭からの新型コロナウイルス感染症の流行は、女性割合が大きい非正規雇用の不安定さや、雇用形態の違いから生ずる男女間賃金格差の深刻さを、改めて浮き彫りにした。フルタイム労働者の賃金で見た場合、男性の中央値を100とすると女性は77.5であり、先進7ヵ国の中でも最も低いだけでなく（図1）、OECD加盟国の平均値88.4をも下回る。この是正は喫緊の課題である。

　女性活躍推進法は一般事業主行動計画の策定および届出を義務付けており、その一連のPDCAサイクルにおいて、労働組合も策定段階で労働者の立場から積極的に関与し、計画の実効性を一層高めていく必要がある（図2）。男女の賃金の差異の把握および公表の義務化を好機に、労働組合もこれまで以上に同法の積極的な活用をはかる必要がある。そのうえで、法を上回る取り組みとして、労働組合は、企業規模にかかわらず、すべての働く労働者の賃金実態を把握し、男女間賃金格差の是正に向けた具体的な取り組みを講じていかなければならない。

30 最低賃金の引き上げと賃上げは密接不可分

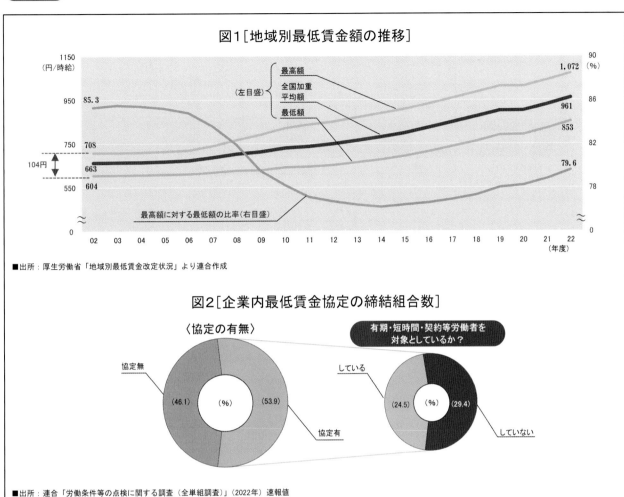

図1［地域別最低賃金額の推移］

最高額
全国加重平均額
最低額
（左目盛）

1150（円/時給）

85.3
950
708
104円
663
604
750
550

最高額に対する最低額の比率（右目盛）

1,072
961
853
79.6

90（%）
86
82
78

02 03 04 05 06 07 08 09 10 11 12 13 14 15 16 17 18 19 20 21 22（年度）

■出所：厚生労働省「地域別最低賃金改定状況」より連合作成

図2［企業内最低賃金協定の締結組合数］

〈協定の有無〉

協定無
（46.1）（%）（53.9）
協定有

有期・短時間・契約等労働者を対象としているか？

している
（24.5）（%）（29.4）
していない

■出所：連合「労働条件等の点検に関する調査（全単組調査）」（2022年）速報値

III 現状と課題

春季生活闘争における賃上げの取り組みは、法定最低賃金の決定に大きな影響を与える。密接不可分と言っても過言ではない。

第1に、春季生活闘争で獲得した組織労働者の賃上げは、地域別最低賃金の引き上げにあたっての考慮要素の1つになる。この点、地域別最低賃金は、2022年度改定において過去最大の31円の引き上げが行われ、全国加重平均961円となったが、当該水準では年間2000時間働いても「ワーキング・プア」の水準とされる年収200万円にも満たず、憲法第25条が保障する「労働者が健康的で文化的な最低限度の生活を営む」ことは不可能である。地域別最低賃金をナショナルミニマムとしてふさわしい水準へ引き上げるためにも、春季生活闘争において賃上げに取り組むことが肝要である。

第2に、企業内最低賃金協定の締結や協定額引き上げの取り組みが、特定（産業別）最低賃金の引き上げにつながるという点である。特定（産業別）最低賃金の設定や引き上げの申出を行うに際しては、企業内最低賃金協定を添付する必要があるが、連合加盟組合の企業内最低賃金協定の締結割合は53.9％にとどまる（図2）。企業内最低賃金協定の締結をあまねく職場で進めていくことが、特定（産業別）最低賃金の発展に重要だ。加えて、締結額にも注意が必要である。近年、地域別最低賃金の引き上げ速度が加速する一方、特定（産業別）最低賃金が地域別最低賃金以下となり効力を失うケースが増えている。地域別最低賃金の今後の見通しなども踏まえつつ、企業内最低賃金協定の協定額を引き上げていくことが自らの職場の賃金の底支えに資するとともに、特定（産業別）最低賃金を通じて、同じ産業で働く仲間の賃金の底上げにつながる。この点を意識して取り組みを進めていく必要がある。

31 介護人材の確保に向けて一層の処遇改善を

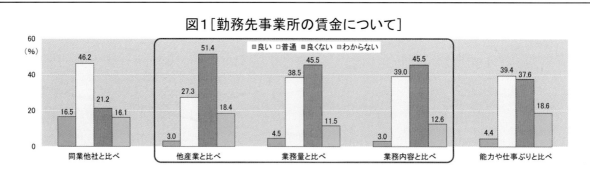

図1［勤務先事業所の賃金について］

■良い □普通 ■良くない ■わからない

	同業他社と比べ	他産業と比べ	業務量と比べ	業務内容と比べ	能力や仕事ぶりと比べ
良い	16.5	3.0	4.5	3.0	4.4
普通	46.2	27.3	38.5	39.0	39.4
良くない	21.2	51.4	45.5	45.5	37.6
わからない	16.1	18.4	11.5	12.6	18.6

■出所：連合「新型コロナウイルス感染拡大下の介護現場実態調査」（2020年）

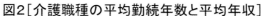
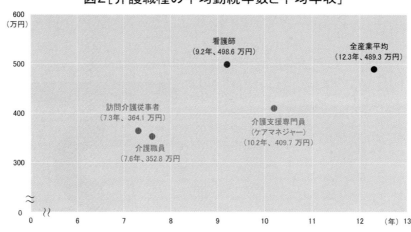

図2［介護職種の平均勤続年数と平均年収］

看護師（9.2年、498.6万円）
全産業平均（12.3年、489.3万円）
訪問介護従事者（7.3年、364.1万円）
介護支援専門員（ケアマネジャー）（10.2年、409.7万円）
介護職員（7.6年、352.8万円）

■注　　：計算方法＝きまって支給する現金給与額×12ヵ月＋年間賞与その他特別給与額（企業規模計10人以上）
■出所：厚生労働省「賃金構造基本統計調査結果」（2021年）より連合作成

　2040年度に必要とされる介護職員約280万人に対し、約69万人が不足すると見込まれている。2022年「厚生労働白書」では「人材確保が社会保障の最重要課題」と指摘されるなど、介護保険制度の持続可能性を確保する上で、介護現場における人材の確保が最重要課題となっている。

　現場で命と健康に関わる仕事に従事している介護職員には、肉体的・精神的な負担が重くのしかかっている。2020年の連合調査では、勤務先事業所の問題点（複数回答）は「人手が足りない」が1位で、「身体的・精神的負担が大きい」「仕事量が多い」「賃金が低い」が続いた。また、賃金については、他産業・業務量・業務内容と比べ「良くない」とする回答がいずれも最多であった（図1）。

　政府は、この10年で月額平均約7.5万円の賃金改善を行ってきたとしている。また2022年2月から9月までは「介護職員処遇改善支援補助金」、

10月以降は「介護職員等ベースアップ等支援加算」により、収入を3％程度、月額で約9,000円の引き上げをめざした。しかし、介護職員の年収はいまだ全産業平均を約120万円下回っている（図2）。連合は審議会などの場で「3％程度の引き上げにとどめることなく、全産業平均の水準に達するまで介護現場で働くすべての労働者の処遇改善を継続的に行うべき」と訴えてきた。

　政府には、介護職員処遇改善加算などの引き上げや給付対象者を拡充するとともに、介護職員の賃金を確実に継続的に改善することが求められる。また、介護職員の負担軽減をはかるため、ロボット・AI・ICTの活用を進めるための支援制度も拡充すべきである。

　労働組合は介護職場の組織化を進め、労使交渉を通じてさらなる処遇改善やハラスメント対策などに取り組み、人材の定着に努める必要がある。

32 保育士等の処遇改善で子ども・子育て支援の充実を

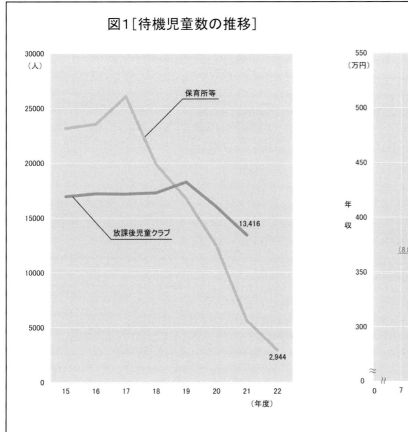

図1[待機児童数の推移]

保育所等

放課後児童クラブ

13,416

2,944

（年度）

■出所：厚生労働省「保育所等関連状況取りまとめ」（2022年4月1日）、「放課後児童健全育成事業（放課後児童クラブ）の実施状況」（2021年5月1日）より連合作成

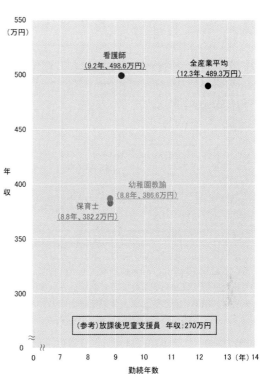

図2[年収の比較]

看護師
（9.2年、498.6万円）

全産業平均
（12.3年、489.3万円）

幼稚園教諭
（8.8年、386.6万円）

保育士
（8.8年、382.2万円）

（参考）放課後児童支援員　年収：270万円

勤続年数

■注：計算方法＝きまって支給する現金給与額×12ヵ月＋年間賞与その他特別給与額（企業規模計10人以上）
■出所：厚生労働省「賃金構造基本統計調査結果」（2021年）、内閣府「放課後児童クラブの経営状況等に関する調査」（2020年）より連合作成

Ⅲ 現状と課題

　保育所や放課後児童クラブなどの待機児童数は、新型コロナウイルス感染症の感染拡大による利用控えなどにより近年減少傾向が見られるものの、依然としてそれぞれ2,944人（2022年4月）、13,416人（2021年5月）にのぼる（図1）。これらの人数に含まれていない潜在的待機児童もおり、都市部を中心にいまだ保育の受け皿整備が保育需要に追い付いていない地域がある。

　政府は保育所などについて、「新子育て安心プラン」（2020年）で、2021〜24年度末までに約14万人分の受け皿を整備するとしており、保育士確保は喫緊の課題である。

　また、放課後児童クラブについては「新・放課後子ども総合プラン」（2018年）で、2019〜23年度末に30万人分の受け皿整備をするとし、約1.5万人の支援員が必要になると見込んでいる。

　その一方で、保育士の有効求人倍率は全職種平均と比べ高い水準となっているなど、保育人材の確保は遅れている。保育士の年収は全産業平均と比べ約107万円、放課後児童支援員は約219万円低い（図2）。さらに、保育士の職員配置基準は、1歳児で1967年から、4・5歳児では1948年の制定時から変わっておらず、3歳児においても加算措置にとどまっており、保育現場から見直しを求める声があがっている。しかし、子ども・子育て支援に関する2022年度政府予算は、社会保障と税の一体改革において保育の量と質の向上のために必要とされた1兆円超にはほど遠い約7,000億円にとどまっている。

　保育中に園児が亡くなるなどの痛ましい事件・事故も発生している中、子どもの安全を守り、健やかに育つ環境を整備するためには、保育の質の向上に必要な安定財源の確保、保育サービスに携わるすべての職員のさらなる処遇改善、手厚い職員配置基準への見直し、保育人材の確保が急務である。

労働者の処遇改善

 看護職員の人材確保に向けて勤務環境改善を

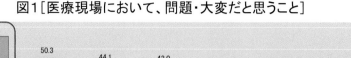

図1[医療現場において、問題・大変だと思うこと]

（複数回答）

項目	%
業務量が多い	73.4
人手不足	71.5
低賃金	50.3
時間外労働が多い	44.1
休みが取りにくい	43.0
患者・利用者またその家族からの暴力等のパワハラ・セクハラ等	24.5
パワハラ等のハラスメント	22.4
夜勤が多い	15.1
その他	4.4

■出所：連合「医療・介護従事者向けアンケート調査結果」（2021年5月）

図2[看護職員処遇改善評価料のしくみ]

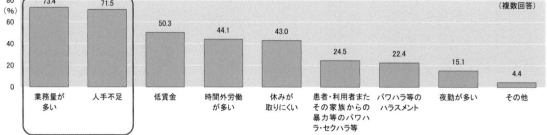

【大臣折衝事項（2021年12月22日）の主な内容】

　看護職員の処遇改善については、2022年度診療報酬改定において、地域でコロナ医療など一定の役割を担う医療機関に勤務する看護職員を対象に、10月以降収入を3％程度（月額平均12,000円相当）引き上げるための処遇改善の仕組みを創設する。

※救急医療管理加算を算定する救急搬送件数200台／年以上の医療機関及び三次救急を担う医療機関

※看護補助者、理学療法士・作業療法士等のコメディカルの処遇改善に充てることができるよう柔軟な運用も可能

【2022年10月より診療報酬改定（臨時）】

○「看護職員処遇改善評価料」を新設。

　要件を満たす医療機関に入院する場合、
　当該医療機関の看護職員数　および延べ入院患者数に応じて、
　1日につき診療報酬を1～340点加算。

■出所：厚生労働省「中央社会保険医療協議会」資料より連合作成

　安心・安全で質の高い医療を担保するためには、病床や医薬品などの確保に加え、それらを担う人材の確保が欠かせない。急性期医療を含め医療偏在の是正が求められているとともに、高齢化の進展に伴う医療需要の増加により、看護ニーズは拡大している。しかし、看護職員が2025年には約188～202万人必要になると推計されているのに対し、同年の供給数見込みは175～182万人程度にとどまっている。連合の調査でも、医療従事者が問題・大変だと思うこととして「業務量が多い」「人手不足」という回答が突出して多く（図1）、この傾向は新型コロナウイルス感染症の感染拡大以前から変わらない。

　看護職員の約9割を占める女性にとって、育児や介護などの家庭責任が偏りがちなところに、夜勤・交代制勤務が負担となり、就業の継続を難しくしている現実がある。職員の定着には、「ワーク・ライフ・バランスを考慮した柔軟な

雇用形態」「子育て支援」「個人の生活背景を考慮した配属先の決定」が特に効果的であることが示されている。経験年数に応じて着実にキャリアアップできる仕組みの構築も重要である。

　また、人材確保のためには処遇改善も欠かせない。看護職員の処遇改善に関しては、2022年10月から、看護職員を対象に、診療報酬の枠組み（看護職員処遇改善評価料）を通じて、賃金を3％程度（月額平均12,000円相当）引き上げる処遇改善が実施されている（図2）。

　医師の長時間労働是正に伴うタスク・シェアリング／タスク・シフティングの推進により、看護職員の果たす役割が増す一方、負担の増加も懸念される。看護職員が働き続けやすく、より誇りを感じられる職場環境づくりとともに、命を預かる働きに見合ったさらなる処遇の改善や人材確保施策の強化を進めることは、安心の医療の確立のための喫緊の課題である。

34 集団的労使関係の輪を広げて働く仲間をまもる

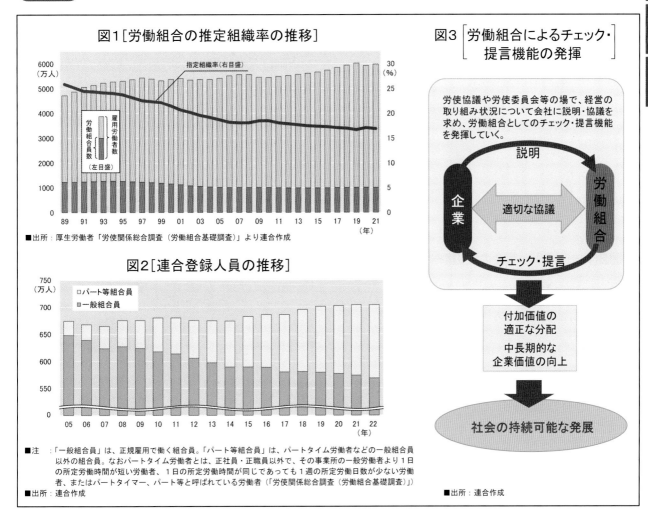

図1[労働組合の推定組織率の推移]

■出所：厚生労働省「労使関係総合調査（労働組合基礎調査）」より連合作成

図2[連合登録人員の推移]

■注：「一般組合員」は、正規雇用で働く組合員。「パート等組合員」は、パートタイム労働者などの一般組合員以外の組合員。なおパートタイム労働者とは、正社員・正職員以外で、その事業所の一般労働者より1日の所定労働時間が短い労働者、1日の所定労働時間が同じであっても1週の所定労働日数が少ない労働者、またはパートタイマー、パート等と呼ばれている労働者（「労使関係総合調査（労働組合基礎調査）」）
■出所：連合作成

図3[労働組合によるチェック・提言機能の発揮]

労使協議や労使委員会等の場で、経営の取り組み状況について会社に説明・協議を求め、労働組合としてのチェック・提言機能を発揮していく。

説明
企業 ←適切な協議→ 労働組合
チェック・提言

付加価値の適正な分配
中長期的な企業価値の向上

社会の持続可能な発展

■出所：連合作成

市場経済のもとでは、本来、労働契約は当事者同士が自由な意思にもとづいて対等な立場で合意するものである。しかし、生身の個人である労働者は、組織である企業と比較して経済的に立場が弱く、企業の指揮監督下の労働に対して報酬が支払われる使用従属関係のもとにあるなど、交渉力に大きな差がある。働く仲間をまもるためには、労働組合を組織し、労働契約の対等性を実現し、健全な集団的労使関係のもとで雇用や賃金などの労働条件、ハラスメントなどの職場課題を解決することが最も有効である。

しかしわが国では、多くの雇用労働者が未組織であり、労働組合の推定組織率は17％前後で低迷している（図1）。また近年では、プラットフォームビジネスの進展も背景に雇用契約によらない働き方が増加しているが、その中には実態として労働基準法や労働組合法上の労働者性を有する働き方もあり、問題となっている。

連合は、ナショナルセンターの責務として、働く仲間の環境変化に対応した集団的労使関係の拡充・強化に取り組んでおり、一時は665万人まで落ち込んだ登録人員数は現在、704万人まで回復した（図2）。今後も引き続き、パート・有期契約・再雇用労働者、子会社・関連会社、中小・地場等未組織企業などの組織化に全力で取り組み、すべての働く仲間をまもるとともに、付加価値の適正な分配にもつなげなければならない。また、ＥＳＧ（環境・社会・統治）対応など企業に社会的責任が強く求められる中で、労働組合が働く者の立場から企業経営をチェックし、中長期的な企業価値の向上や社会の持続可能な発展なども視野に入れて提言機能を発揮することの重要性も高まっている（図3）。

連合は、春季生活闘争の取り組みを通じ、組織化と連動させて、集団的労使関係の輪を広げる運動を推進する。

Ⅲ 現状と課題

35 働く人すべての処遇改善に向け職場から始めよう

図1［家計をまかなえる賃金・処遇条件］

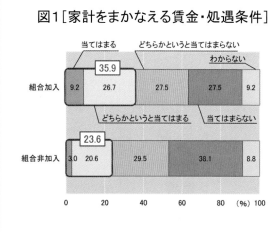

図2［同一労働同一賃金の取り組みについての説明］

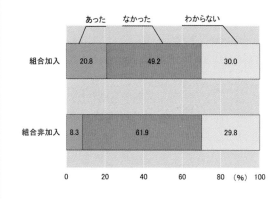

図3［働き方改革法施行前と比較した処遇の変化］

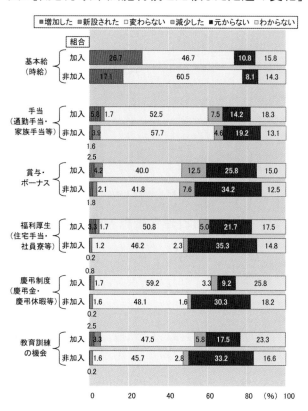

■注 ：母集団は、パートタイマー・アルバイト・契約社員・派遣労働者・嘱託で働く人
■出所：連合総研「第42回勤労者短観」（2021年12月）より連合作成

　連合は、すべての働く人の処遇改善に向けて、2010年から「職場から始めよう運動」を展開している。これは、労働組合が、非正規雇用で働く仲間をはじめ同じ職場・地域で働く仲間が抱える問題を自らにつながる課題として捉え、その改善のためにそれぞれの職場・地域から具体的なアクションにつなげる運動である。

　連合総研「第42回勤労者短観」（2021年12月）によると、パートタイマー・アルバイト・契約社員・派遣労働者・嘱託で働く人で、家計をまかなえる賃金・処遇条件に「当てはまる」「どちらかというと当てはまる」という回答は合計で、組合加入者35.9％、非加入者23.6％（図1）、「会社から同一労働同一賃金の取り組みについて説明があった」との回答は、組合加入者20.8％、非加入者8.3％となっており（図2）、労働組合の加入有無によって明らかに差があることが見てとれる。

　また、同調査で「働き方改革」関連法施行前後の処遇の変化を見ると、全項目（基本給、手当、賞与・ボーナス、福利厚生、慶弔制度、教育訓練の機会）において、組合加入者の方が「増加した」「新設された」と回答した割合が高い（図3）。

　一方、厚生労働省2021年「労働組合活動等に関する実態調査」によると、労働組合の加入資格があるのは、パートタイム労働者37.3％、有期契約労働者41.5％、嘱託労働者39.6％、派遣労働者6.6％となっている。

　これらの現状と課題を踏まえ、労働組合には、「同一労働同一賃金」の法規定を踏まえた対応はもとより、年齢や性別・国籍の違い・障がいの有無・雇用形態などにかかわらない組合加入・仲間づくりを進め、すべての働く仲間の処遇改善に向けた取り組みを一層強化することが求められる。

36 公務員労働基本権の早急な回復を

図1［日本の公務員（一般職）の労働基本権］

区分		団結権	団体交渉権	協約締結権	争議権
国	非現業職員	○	△ (注1)	×	×
	自衛隊員、警察職員、海上保安庁職員、刑事施設職員	×	×	×	×
	行政執行法人職員	○	○	○	×
地方	非現業職員	○	△ (注1)	× (注2)	×
	警察職員、消防職員	×	×	×	×
	現業職員、公営企業職員	○	○	○	×
民 間		○	○	○	○

■注 ： ○＝保障されている　　×＝保障されていない
注1）交渉を行うことは出来るが、団体協約は締結できない
注2）交渉を行い、その結果として書面による協定を結ぶことが出来るが、この協定は拘束力を持たない
※「国家公務員法等の一部を改正する法律」の成立（2014年4月11日）に際しては、衆参両院の内閣委員会において、自律的労使関係について職員団体と所要の意見交換を行いつつ、合意形成に努める旨の附帯決議が行われている
■出所：連合作成

図2［国際労働機関（ILO）第87号・第98号条約］

◎第87号　結社の自由及び団結権保護条約（1948年）
すべての労働者及び使用者に対し、事前の許可を受けることなしに、自ら選択する団体を設立し、加入する権利を定めるとともに、団体が公の機関の干渉を受けずに自由に機能するための一連の保障を規定する。
◎第98号　団結権及び団体交渉権条約（1949年）
反組合的な差別待遇からの保護、労使団体の相互干渉行為からの保護、団体交渉奨励措置を規定する。

労働基本権は憲法が保障する労働者の権利であるが、公務員においては労働基本権の一部が制約され、その代償措置として人事院による給与などに関する勧告制度が運用されている（図1）。しかし、こうした日本の状況は国際労働基準から逸脱しており、国際労働機関（ILO）から2002年以降、繰り返し第87号・第98号条約の違反を指摘され、条約の着実な履行を勧告されている（2018年で11度目）。加えて、2018年にはILO総会の基準適用委員会で日本の状況が個別審査され、本問題に対する強い懸念が改めて示された（図2）。

2009年9月に成立した民主党（当時）政権下では、「国民の理解のもとに、国民に開かれた自律的労使関係制度を措置する」とした国家公務員制度改革基本法（2008年成立）に則った改革法案が国会に提出されるなど、民主的な公務員制度改革実現への機運が高まった。しかし、2012年12月以降の自公政権下では、現時点においても真摯な議論が行われず、民主的な公務員制度改革の実現には至っていない。

また、臨時・非常勤職員の処遇改善に向けた「会計年度任用職員制度」がスタートして2年経過したが、依然として国の期間業務職員や常勤職員との均衡の観点から課題がある。同一労働同一賃金など均等・均衡待遇原則にもとづき、勤勉手当の適用をはじめ、待遇差の是正や任用の適正化など諸課題の解決が求められている。

国民のニーズに応え、良質な公共サービスを維持し続けるためにも、公務員の労働基本権を回復し、労使が責任を持って労働諸条件や行財政運営を話し合える自律的な労使関係制度を確立することが重要である。

連合は、公務労働者の権利と生活を守り、国民本位の公務員制度改革の早期実現に向けて、関係する組織と連携して取り組みを進めていく。

Ⅲ 現状と課題

37 フリーランスの課題解決に向けて

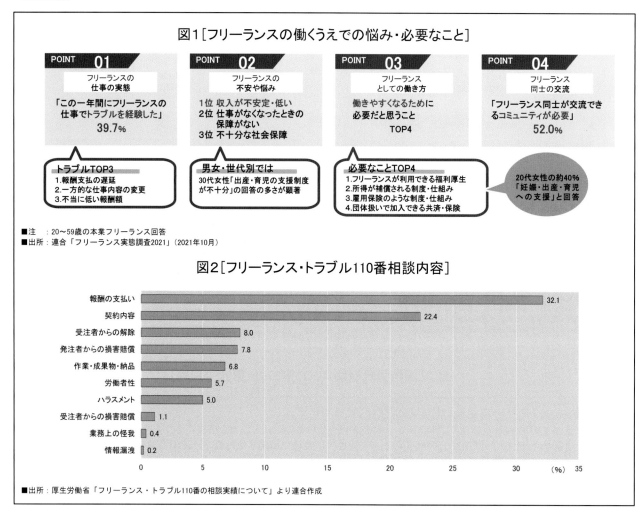

図1［フリーランスの働くうえでの悩み・必要なこと］

POINT 01
フリーランスの
仕事の実態

「この一年間にフリーランスの
仕事でトラブルを経験した」
39.7%

トラブルTOP3
1.報酬支払の遅延
2.一方的な仕事内容の変更
3.不当に低い報酬額

POINT 02
フリーランスの
不安や悩み

1位 収入が不安定・低い
2位 仕事がなくなったときの
　　保障がない
3位 不十分な社会保障

男女・世代別では
30代女性「出産・育児の支援制度
が不十分」の回答の多さが顕著

POINT 03
フリーランス
としての働き方

働きやすくなるために
必要だと思うこと
TOP4

必要なことTOP4
1.フリーランスが利用できる福利厚生
2.所得が補償される制度・仕組み
3.雇用保険のような制度・仕組み
4.団体扱いで加入できる共済・保険

POINT 04
フリーランス
同士の交流

「フリーランス同士が交流でき
るコミュニティが必要」
52.0%

20代女性の約40%
「妊娠・出産・育児
への支援」と回答

■注 ：20〜59歳の本業フリーランス回答
■出所：連合「フリーランス実態調査2021」（2021年10月）

図2［フリーランス・トラブル110番相談内容］

項目	(%)
報酬の支払い	32.1
契約内容	22.4
受注者からの解除	8.0
発注者からの損害賠償	7.8
作業・成果物・納品	6.8
労働者性	5.7
ハラスメント	5.0
受注者からの損害賠償	1.1
業務上の怪我	0.4
情報漏洩	0.2

■出所：厚生労働省「フリーランス・トラブル110番の相談実績について」より連合作成

連合のフリーランス課題解決サイト「Wor-Q」や労働相談、さらに4月のフリーランス月間の取り組みを通じて、フリーランスで働く人たちから不安や課題に関する声が寄せられている。

連合は2021年10月に、20歳〜59歳のフリーランスを本業として働く方1,000人を対象に調査を実施した。経験したトラブルは「報酬支払の遅延」「一方的な仕事内容の変更」「不当に低い報酬額」がトップ3を占め、不安や悩みとしては、「収入が不安定」「仕事がなくなったときの保障がない」「不十分な社会保障」があげられた。所得補償や雇用保険などの制度・仕組みを求める声も多く、特に20〜30代女性からは妊娠・出産・育児に関する支援を求める回答が顕著に多かった（図1）。

厚生労働省が設置している「フリーランス・トラブル110番」では、報酬不払い、支払遅延、一方的減額などの「報酬問題」および作業開始後の契約の一方的打切りなどの「契約内容」に関する相談で5割強を占めている（図2）。

また、プラットフォームワーカーが急増するなか、連合他が実施した「配達ドライバー専用ホットライン」にも、過重労働やハラスメント問題のほか、偽装請負を疑う相談が寄せられた。実態として労働者性が認められるケースでは、労働組合を結成し、現在進行形で経営側に団体交渉の申し入れを行っているところである。

本来、フリーランスは、発注者と対等な立場であるにもかかわらず、実際には泣き寝入りせざるを得ないケースが数多く存在している。こうしたフリーランスの課題を解決するためには、現在検討が進められている「フリーランス新法」による取引適正化のための法整備だけでは不十分だ。経済・社会環境の変化を踏まえた労働者性の見直しおよびプラットフォーム事業者に対する規制の検討を早急に開始すべきである。

---

38 すべての働く人にワークルール知識の普及を

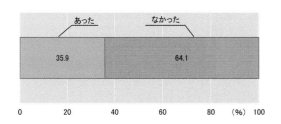

図1［これまでに、働くときに必要な法律や決まりごとについて学習する機会はあったか］

あった　35.9　　なかった　64.1

■出所：連合「20代のワークルールに関する意識・認識調査」（2018年11月）

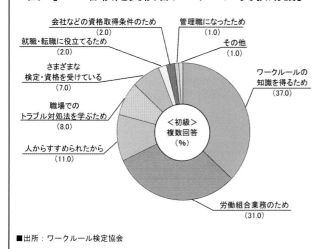

図2［2022春検定受検者アンケート・受験動機］

会社などの資格取得条件のため（2.0）
管理職になったため（1.0）
就職・転職に役立てるため（2.0）
その他（1.0）
さまざまな検定・資格を受けている（7.0）
ワークルールの知識を得るため（37.0）
職場でのトラブル対処法を学ぶため（8.0）
人からすすめられたから（11.0）
労働組合業務のため（31.0）
＜初級＞複数回答（%）

■出所：ワークルール検定協会

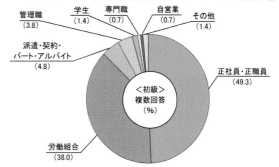

図3［2022春検定受検者アンケート・属性］

管理職（3.8）
学生（1.4）
専門職（0.7）
自営業（0.7）
その他（1.4）
派遣・契約・パート・アルバイト（4.8）
正社員・正職員（49.3）
労働組合（38.0）
＜初級＞複数回答（%）

■出所：ワークルール検定協会

図4［検定協会の啓発推進委員会メンバー］

（2022年8月30日現在）

相原　康伸	（公益財団法人教育文化協会理事長）
浅倉むつ子	（早稲田大学名誉教授）
浅沼　弘一	（金属労協事務局長）
安西　愈	（弁護士）
石田　眞	（早稲田大学名誉教授）
上西　充子	（法政大学教授）
大福真由美	（元電機連合書記長）
氣賀澤克己	（元中央労働委員会事務局長）
澤田　潤一	（公益財団法人日本生産性本部業務執行理事）
島田　陽一	（早稲田大学法学学術院教授）
清水　信三	（株式会社ANA総合研究所顧問）
鈴木　俊男	（前ILO理事〈使用者側代表〉）
田川　博己	（JTB取締役相談役）
南雲　弘行	（元連合事務局長）
西谷　敏	（大阪市立大学名誉教授）
長谷川真一	（前ILO駐日代表）
浜村　彰	（法政大学教授）
東　明洋	（全国社会保険労務士会連合会専務理事）
平田　美穂	（元中小企業家同友会全国協議会事務局長）
宮里　邦雄	（弁護士）
村木　厚子	（元厚生労働事務次官）

（敬称略、五十音順）

■出所：ワークルール検定協会

Ⅲ 現状と課題

　昨今の労働形態の多様化やコロナ禍における雇用・労働問題の増加などを受けて、ワークルール知識習得の重要性は、労使ともにますます高まっている。その一方で連合が実施した調査によると、20代の約64%が「ワークルールについて学習する機会がなかった」と答えており（図1）、職場や学校教育課程におけるワークルールに関する情報提供は十分とは言えない。

　こうしたことを背景に、2013年、ワークルールの社会的な普及と健全な労働環境の実現を目的に、厚生労働省および日本生産性本部の後援も得ながら「ワークルール検定制度」が創設された。連合は、制度の立ち上げ当初から参画し、運営などに全面的に協力してきた。地方連合会などの協力もあって受検者数は増加傾向にあり、これまでに初級・中級で延べ16,000人以上が受検している。受検動機は、「ワークルールの知識を得るため」が約4割、「職場で様々なトラブルがあり、その対処法を学ぶため」が約1割である（図2）。受検者の内訳は、全体の約4割が労働組合（専従・役員など）、約6割が一般からの申し込みとなっており（図3）、一部の企業で管理職登用試験の一環として活用されるなど、社会的認知度も高まっている。

　本検定を主催する日本ワークルール検定協会には、ワークルール検定のあり方を考える「啓発推進委員会」が設置されている。連合に加えて、大学教授、弁護士、ＩＬＯ関係者、使用者団体など公労使の三者構成となっており（図4）、本検定のさらなる発展や普及促進のために様々な検討を行っている。

　連合は、今後も本検定制度のオンライン化や社会的ポジション向上などを通じたさらなる受検者数の増加に積極的に関与・協力し、検定制度の安定的な運営とワークルール知識の普及に貢献していく。

39 人と人を繋ぐ「ゆにふぁん」で社会課題解決を

図1[社会貢献活動の10分野]

働く人を応援	教育・子育てを応援	自然を守る	地域を元気に	動物を守る
貧困から守る	障がい・介護を支える	フードバンク・子ども食堂	被災地を応援	その他

図2[ゆにふぁんマップ活動地域別の掲載件数]

2022年10月25日現在

47都道府県（延べ1,443件）

北海道地方 52件
沖縄地方 31件
北陸地方 112件
東北地方 185件
中国地方 143件
関東地方 249件
東海地方 165件
関西地方 183件
四国地方 116件
九州地方 207件

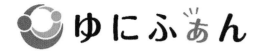

図3[個々の取り組みに焦点を当てたPR]

「ゆにふぁんマップ」にアクセスするQRコード
https://www.jtuc-rengo.or.jp/unifan/

　連合は、1989年の結成当初から「愛のカンパ」活動を展開し、社会貢献活動に取り組むNGO・NPOなどへの資金助成や、自然災害などで被災された方々への救援活動を行ってきた。これらのノウハウを活かしつつ、さらに地域の「支え合い・助け合い」の活動を支援する仕組みが「ゆにふぁん」である。専用ウェブサイト「ゆにふぁんマップ」の開設から3年が経過し、この間、労働組合や地域のNGO・NPOによる全国の「支え合い・助け合い」活動を紹介・サポートすることで社会課題解決に導く、「運動の結節点」としての役割を果たしてきた。

　「ゆにふぁんマップ」には、都道府県別の「自然を守る」「フードバンク・子ども食堂」「被災地支援」など10分野の社会貢献活動と、新型コロナウイルス対策支援などの全国あるいは広域の統一行動をあわせ、延べ1,400件を超えるプロジェクトを掲載している（図2）。

　労働組合は従来から地域に根差した活動を展開しており、社会課題解決、地域共生社会の実現、SDGs達成などにも密接に関わっている。「ゆにふぁん」のさらなる活性化と社会的認知度の向上は、それぞれの活動へのより多くの参加を促進し、さらには労働組合に対する社会的イメージの形成にもつながっていく（図3）。

　この認識を踏まえ、これからの「ゆにふぁん」の取り組みは、個々の活動に焦点を当てて、実施組織や担当者の想い、参加者の体験などを世の中に広く伝えることで、組織を超えた運動の展開をはかっていく。同時に、各プロジェクトとSDGsとの関連性の明確化や参加につなげる仕組みの構築などを通じて、各プロジェクトへの参加がSDGsの目標達成に寄与するとの意識醸成や参加の拡大をめざし、より一層の支え合い・助け合い運動の広がりを追求していく。

40 連合アクション "必ずそばにいる存在" へ

図1［関心のある社会課題があるか］

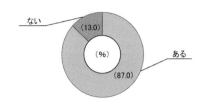

ない (13.0)
(%)
ある (87.0)

■注　：全国15歳〜29歳の男女1,500名
■出所：連合「Z世代が考える社会を良くするための社会運動調査2022」

図2［社会課題を解決するために 社会運動に参加したことはあるか］

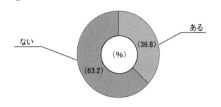

ない (63.2)
(%)
ある (36.8)

■注　：全国15歳〜29歳の男女1,500名
■出所：連合「Z世代が考える社会を良くするための社会運動調査2022」

図3［社会運動に参加したことがない理由］

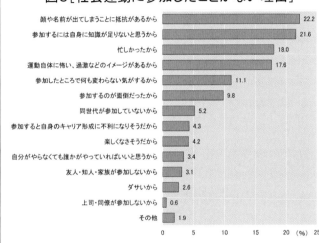

顔や名前が出てしまうことに抵抗があるから　22.2
参加するには自身に知識が足りないと思うから　21.6
忙しかったから　18.0
運動自体に怖い、過激などのイメージがあるから　17.6
参加したところで何も変わらない気がするから　11.1
参加するのが面倒だったから　9.8
同世代が参加していないから　5.2
参加すると自身のキャリア形成に不利になりそうだから　4.3
楽しくなさそうだから　4.2
自分がやらなくても誰かがやっていればいいと思うから　3.4
友人・知人・家族が参加しないから　3.1
ダサいから　2.6
上司・同僚が参加しないから　0.6
その他　1.9

■注　：全国15歳〜29歳の男女1,500名
■出所：連合「Z世代が考える社会を良くするための社会運動調査2022」

図4［2023連合アクションイメージ図］

■出所：連合作成

連合は、2019年の結成30周年を機に、広く社会に対して活動をアピールする「連合アクション」を立ち上げ、展開してきた。2022年は、①政策実現に向けた世論形成をはかるための共感型運動、②「05（れんごう）の日」におけるオール連合型運動、③若者とともに進める参加型運動の3本柱で取り組みを進めてきた。

①共感型運動と②オール連合型運動では、インフルエンサーの起用やリアルとオンラインの融合などの取り組みにより、SNSフォロワー数増加や動画配信視聴者数累計5万人超えなど、連合運動の前進に一定の効果を発揮してきた。③参加型運動では、インターネットリサーチやヒアリング結果などにもとづき、「若者とともに進める参加型運動の考え方」を整理し、構成組織・地方連合会と共有をはかりつつ、実践的な運動につなげるべく取り組みを進めている。

一方、Z世代を対象とした社会運動調査では、社会課題に関心が高い若者でも、社会運動に対しては参加率が低く抵抗感があることが判明している（図1・2・3）。今後、若者はもとより働く仲間や生活者に労働運動への「理解・共感・参加」を広げていくためには、発信力・拡散力の強化など、さらなる取り組みが必要である。

2023年は、「連合アクション」における運動の広がり・深化をはかるために、「若者とともに進める参加型運動の考え方」を踏まえた実践的な運動にチャレンジするとともに、労働運動の理解促進のために、発信ツールの特徴に応じた効果的かつ統一性のある発信を行っていく。

さらに、運動の基盤となる連合自体のイメージアップのために、ブランディングの手法を用いて連合の思いが伝わりやすい土壌をつくり、労働運動の根をより強く大きく成長させ、発信力・拡散力のさらなる強化と「理解・共感・参加」につなげていく（図4）。

Ⅲ 現状と課題

「労働相談ホットライン」から見える実態と課題

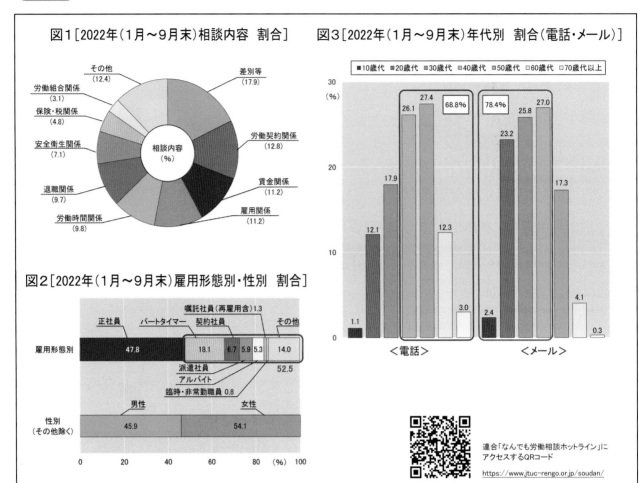

図1［2022年（1月～9月末）相談内容 割合］

図3［2022年（1月～9月末）年代別 割合（電話・メール）］

図2［2022年（1月～9月末）雇用形態別・性別 割合］

■出所：連合「なんでも労働相談ホットライン」集計報告

連合「なんでも労働相談ホットライン」には、直近（2022年1～9月）で14,767件（電話：12,620件、メール：1,654件、ＬＩＮＥ：493件）の相談が寄せられ、2021年の年間17,607件を上回るペースであり、コロナ禍で過去最高となった2020年の相談件数（20,828件）に迫りつつある。

相談内容は「差別等（セクハラ・パワハラ、嫌がらせ等）」が17.9％と最も多く、「労働契約関係（雇用契約・就業規則等）」12.8％、「賃金関係（賃金未払・不払い残業等）」11.2％、「雇用関係（解雇・退職強要・契約打切、休業補償等）」11.2％と続く（図1）。直近の電話相談者の内訳を見ると、雇用形態別では正社員以外が52.2％。性別では女性が54.1％と、コロナ禍以降3年連続で5割を超えた（図2）。年代別では40歳代以上からの相談が68.8％を占めている（図3）。

一方、メールでの相談の内訳を見ると、雇用形態別、性別、内容別では電話での相談とほぼ同じ傾向がみられるものの、年代別では20歳代・30歳代からの割合が高く、40歳代以下からの相談が78.4％と約8割を占め（図3）、メールでの相談に対する若い世代のニーズの高さがうかがえる。

連合は、相談者の様々なニーズにこたえる新たな窓口の一つとして、2021年10月から、24時間365日15言語で対応する労働相談自動会話プログラム（チャットボット）「ゆにボ」をスタートした。開始から1年間で約2万件ものアクセスがあり、労働相談の入り口として十分に機能を果たしている。

連合の労働相談は、相談者の個別の問題解決のみならず、職場での仲間づくりを通じた職場全体の問題としての解決や、社会全体の問題として政策・制度要求や法制度の改正につなげていくなど、今後もすべての人が安心して働くことのできる環境を整えるべく役割を果たしていく。

働く仲間の権利向上

42 労働相談から見える若者の実態と課題

図1［2021年 年間「なんでも労働相談ホットライン」
電話相談 年代別割合］

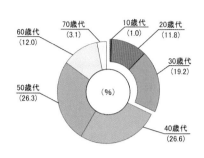

図3［働くみんなにスターターBOOK］

「働くみんなにスターターBOOK」に
アクセスするQRコード
https://www.jtuc-rengo.or.jp/shuppan/roudou/
roudou/hataraku_starterbook.html

図2［2021年 年間「なんでも労働相談ホットライン」電話相談 内容割合］

〈10～30歳代各年代別相談内容内訳〉

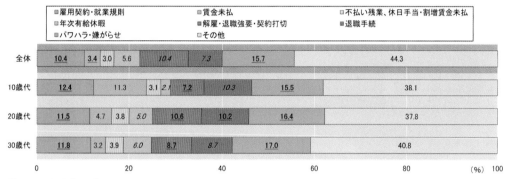

■注 ：太字下線…1～3位、斜体…4位・5位
■出所：連合「なんでも労働相談ホットライン」集計報告（2021年）

Ⅲ 現状と課題

2021年の連合「なんでも労働相談ホットライン」には、電話・メール・LINE合計で17,607件の相談が寄せられた。最も多い電話での相談は15,735件であり、その約3割の5,035件が若者（10～30歳代）からの相談であった（図1）。

電話相談における若者の相談内容を年代別で見ると、パワハラ・嫌がらせ、雇用契約・就業規則が上位であり、これらは全体の傾向と同様であるものの、賃金未払いや退職手続きなどの相談は10～30歳代の若者に多い傾向が見られる。また、「パワハラが酷く退職したいが人手不足で辞めさせてもらえない」「退職したいが残業代が未払いで困っている」など、複合的な要因であるケースも少なくない（図2）。

連合が2022年10月に行った「学生を対象とした労働に関する調査」では、学校やアルバイト先で、賃金や労働時間、休日など、働くときに必要な法律や知識について学習する機会がなか

ったとの回答が4割にのぼる。若者からの相談の中には、労働関連法を知っていれば自力で解決できたであろうものもあり、学生も含め若者に対する一層の労働教育の充実が求められる。

また、連合が2022年4月に公表した「入社前後のトラブルに関する調査」によれば、全回答者の約3割が、大学卒業後に最初に正社員採用された会社を3年以内に離職している。また「勤め先における不安や悩みの相談先」として労働組合などの労働関連団体を挙げた回答者はわずか3％であった。

このような若者の実態・課題を踏まえ、若者が安心して働き続けられるよう、様々な機会・ツールによるワークルールの発信（例：『働くみんなにスターターBOOK』（図3））に取り組みつつ、労働組合が相談先の選択肢の一つとなるよう、連合は今後も積極的に若者へのアプローチを進めていく。

43 外国人労働者との共生に向けた労働組合の役割

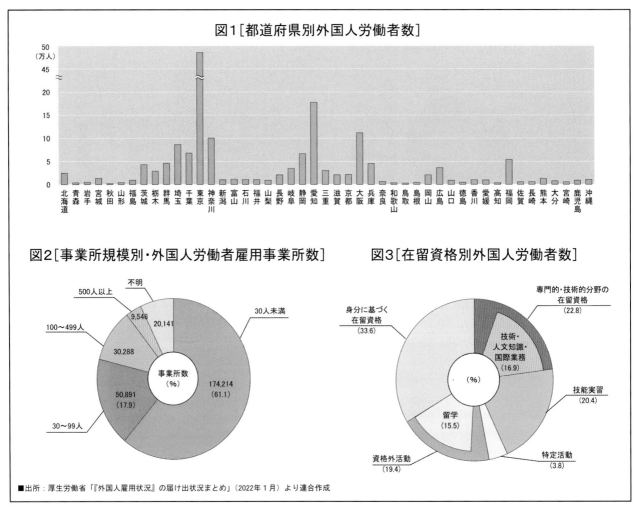

図1［都道府県別外国人労働者数］

図2［事業所規模別・外国人労働者雇用事業所数］

図3［在留資格別外国人労働者数］

■出所：厚生労働省「『外国人雇用状況』の届け出状況まとめ」（2022年1月）より連合作成

　厚生労働省の「外国人雇用状況の届け出状況まとめ」によれば、2021年10月末における外国人労働者数は約173万人であり、勤務先の分布は三大都市圏が突出しているものの、全国に広がっている（図1）。また、外国人労働者を雇用している規模別の事業所割合では、30人未満が61.1％、30〜99人が17.9％と、中小零細企業が3/4以上を占めている（図2）。在留資格別では、専門的・技術的分野の在留資格と技能実習で約4割を占める（図3）。

　連合が実施した「外国人労働者向け労働相談ホットライン」には、「困っているので相談先を教えてもらいたい」との問い合せも寄せられた。行政の多言語対応は進んでいるものの、相談先が身近にない、そもそも相談先がわからないが故に、悩みが解決できないまま深刻化してしまう場合もある。実際、連合の労働相談には「外国人というだけで差別される」「暴力やいじめなどのハラスメントを受けている」「賃金、残業代が未払い、有給休暇も取らせてもらえない」などといった相談が寄せられており、外国人に対する誤解や偏見・差別、また外国人雇用制度を使用者のみならず労働者自身が十分に理解していないことがこうした事態を引き起こしている。

　これまでも日本の労働組合は、様々な機会をとらえて職場の課題収集、組合員からの相談を通じて問題解決をはかってきた。働く仲間である外国人労働者の抱える悩みの早期発見・予防にも同様の対応をはかることが、外国人労働者と企業、さらには地域社会とそれら相互の関係をよりよいものにしていくことにつながる。

　連合は引き続き、外国人労働者の組合員資格の拡大や中小零細企業の組織化とともに、支援団体や行政機関などと連携しながら、多様性を認め合いお互いの人権を尊重し合う共生社会の実現に向け、取り組みを進めていく。

IV

2023
春季生活闘争

資料編

1．賃上げ要求の推移

西暦	和暦	要求内容	定昇込み	賃上げ分
1988	昭和63	6～7％程度をガイドゾーンとする。	6～7％程度	
1989	平成1	6％～8％のゾーンとし、7％程度を中心に『連合』の加盟組織全体が参加する体制をとり、要求貫徹を目指す。 あわせて、中小労働者の格差是正と賃金水準の底上げにむけて、15,000円の要求を目指すよう努力する。	7％程度	
1990	平成2	「連合」としての賃上げ目標を「8～9％中心」とし、構成組織全体が参加する体制をとる。中小労働者の賃金水準の引上げと格差の是正・縮小をめざし、少なくとも、18,000円程度の賃上げ要求をめざすよう努力する。	8～9％中心	
1991	平成3	「連合」としての賃上げ目標を「8～9％中心」とし、構成組織全体が参加する体制をとる。中小労働者の賃金水準の引上げと格差の是正・縮小をめざし、少なくとも、19,000円程度の賃上げ要求をめざすよう努力する。	8～9％中心	
1992	平成4	要求目標は、前年の目標を基本とする共通認識に立ちながら、諸情勢を総合的に判断し、全構成組織の参加とマクロ的視点から、「8％を中心、20,000円以上」とする。	8％を中心	
1993	平成5	要求目標は、組合員平均賃金（ベース）270,800円を基準に「7％を中心、20,000円以上」とする。連合は額重視で取り組んでいく。	7％を中心	
1994	平成6	連合全体として、要求目標「5～6％」をかかげ、戦いを展開する。 格差是正に取り組む構成組織は、額で20,000円以上を要求していく。	5～6％	
1995	平成7	連合全体として、平均賃上げの要求目標は、14,000円中心とする（注1）。この要求額は、5,600円の定昇相当分、1,700円の物価上昇分、6,700円の生活向上分を積み上げたものである。 （注1）連合平均賃上げ要求目標の場合の平均ベース賃金は280,000円と推計する。	5～6％	
1996	平成8	連合全体として、平均賃上げでは13,000円中心を要求目標とする。 この要求額は、5,700円の定昇相当分、7,300円の生活維持・向上分（物価上昇分＋生活向上分）を積み上げたものであり、生活向上分の確保を重視する。 この要求目標における連合組合員の平均ベース賃金286,000円を想定する。	4.5％	2.6％
1997	平成9	平均賃上げは、13,000円中心を要求目標とする。平均ベースは、294,000円。 なお、平均7,100円の生活維持・向上分（物価上昇分＋生活向上分）と5,900円の定期昇給（相当分）を積み上げたものである。	4.7％	2.4％
1998	平成10	平均賃上げ方式による要求を行なう場合は、生活維持・向上分（ベア分）8,900円を基本とする。なお、定昇（相当分）を含む要求とする組合は、平均の定昇率2％（額表示6,100円）程度を加え、15,000円中心とする。		2.9％
1999	平成11	・到達要求目標（水準）は、経済・産業実態、望ましいマクロ経済運営を踏まえた賃金引上げの役割を考慮し、ベア1％以上を根拠に新賃金水準を示す。 ・ベアは過年度物価上昇率（−0.3％程度の見込み）を踏まえた生活維持・向上分とする。 ・また、賃金水準の維持・引上げの際の考え方としては、上記ベアのほか定期昇給（2％程度）あるいは賃金カーブ維持分（実態値に基づく）を基礎とする。		1％以上
2000	平成12	まず賃金体系維持分（実態値）としての定昇もしくは定昇相当分を確保した上で、生活維持・向上分1％以上を上乗せした到達水準を示すこととする。 なお、平均賃上げ方式を取らざるを得ない組合で、定期昇給相当分が設定できない場合の定期昇給相当分は2％程度と換算する。		1％以上
2001	平成13	実質可処分所得の引き上げと2％程度の実質成長を確実なものとするため、純ベア分の要求基準を「1％以上」とする。		1％以上
2002	平成14	①賃金カーブ維持分プラスαとし、プラスαは産業別部門連絡会との調整のうえ、各産別が産業動向・企業動向を踏まえ設定する。 ②賃金カーブ維持要求の組合も要求書を提出する。 ③賃金カーブ維持分の算定が困難な組合については、定期昇給相当分2％の確保を目安にプラスαを設定する。		
2003	平成15	①各組合は、賃金カーブ確保を前提に、産別方針を踏まえたうえで、格差是正を求めるところ、賃金への配分ができると組合が判断したところは賃金引上げに取り組む。 ②賃金カーブ維持分の算定が困難な組合については、標準労働者の年齢ポイント別最低到達目標を達成できる1年平均昇給額5,700円の確保を目安に要求を設定する。 ※5,700円は、18歳年齢別最低賃金水準148,000円と35歳勤続17年の最低到達目標245,000円の1歳1年間の平均間差額である。		
2004	平成16	すべての組合は、賃金実態の把握と前段交渉の強化を通じ、賃金カーブ維持分の労使確認と「賃金カーブの確保」をはかり、さらに、生活向上と格差是正をめざす組合は、純ベア要求とその獲得に取り組む。		
2005	平成17	①すべての組合は、「賃金カーブの確保とカーブ維持分の労使確認」に取り組む。 ②特に、月例賃金が報酬体系のベース（安定性・社会性の確保、割増賃金等への跳ね返りなど）であることに留意し、情勢変化を前向きにとらえ、可能な限り積極的に純ベアを要求し、その獲得をめざす。 ③賃金制度未整備の組合では、ここ数年、賃金カーブの低下が目立つという結果を踏まえ、「賃金カーブの確保」の取り組みを徹底する。 ※賃金カーブ維持の定義：個別賃金水準の維持。具体的には、賃金制度のある組合＝賃金表の維持。賃金制度のない組合＝1歳1年間差の確保。		
2006	平成18	①賃金カーブ維持分を確保したうえで、ベースアップや時給引き上げ、賃金カーブの是正、低賃金層の底上げ等に、積極的な「賃金改善」に取り組む。 ②月例賃金の改善を最優先し、年間収入の維持・向上をめざす。 ③産別は、産業内格差圧縮、産業間格差是正なども考慮し、具体的要求基準を設定する。		
2007	平成19	①賃金カーブ維持分と物価上昇分を確保したうえで、生活向上分としてのベースアップや時間給の引き上げ、格差是正、賃金カーブの是正、低賃金層の底上げ等によって、昨年を上回る「賃金改善」を行う。		
2008	平成20	足下の状況を踏まえ、マクロ的には労働側に実質1％以上の配分の実現をめざす。そして、同時に経済成長に見あった配分の追求を通して、非正規労働者を含むすべての勤労者への適正な成果配分の実現をめざす。		1％以上
2009	平成21	①賃金改善（賃金引き上げ）の考え方 ア）賃金カーブ維持分を確保したうえで、物価上昇（2008年度の見通し）に見合うベアによって、勤労者の実質生活を維持・確保することを基本とし、マクロ経済の回復と内需拡大につながる労働側への成果配分の実現をめざす。 イ）中小・下請労働者の格差是正、非正規労働者の処遇改善や正社員化に向けて産別の指導のもと取り組みを展開する。		

西暦	和暦	要求内容	定昇込み	賃上げ分
2010	平成22	①賃金改善の取り組み ⅰ）賃金水準の低下を阻止するため、賃金カーブ維持分の確保をはかる。 　賃金制度が未整備な組合は産別指導のもとで、連合が示す1歳・1年間差の社会的水準である5,000円（＊）を目安に要求を行い、賃金水準の維持をはかる。 　（＊）賃金に関して最も規模の大きい統計である厚労省・賃金構造基本統計調査から全産業・規模計（基本賃金ベース）における1歳・1年間差は、5,000円（時間給30円：月所定労働165時間で計算）程度と推計する。 ⅱ）そのうえで、各産別は産別・単組の実態をふまえ、産業・規模間格差や企業内の賃金体系上の歪や賃金分布の偏りの是正も含めて、賃金改善に取り組む。		
2011	平成23	①賃金の維持・復元の取り組みについて マクロでみて下がった賃金を近年のピーク時の水準にできるだけ早く戻すという観点から賃金水準の復元を追求する。 ⅰ）賃金カーブ維持をはかる事に全力を挙げ、所得と生活水準の低下に歯止めをかけるとともに、より賃金の水準を重視（絶対額水準）した取り組みを徹底し、個別賃金水準の維持をはかる。また、賃金制度が未整備な組合は、産別の指導のもとで整備に向けた取り組みを強化する。賃金制度が未整備な組合は、連合が示す1歳・1年間差の社会的水準である5,000円（＊1）を目安に賃金水準の維持をはかる。 　（＊1）賃金構造基本統計調査から全産業・規模計（組合員の基本賃金ベース）の1歳・1年間差は、5,000円（時間給では30円：月所定労働165時間で計算）程度と推計する。 ⅱ）低下した賃金（＊2）水準の中期的な水準の復元・格差是正の観点から、取り組みを進める。 　（＊2）厚労省・毎月勤労統計調査では、1997年と2009年で比較すると、一般労働者で5.1％減となっている。同・賃金構造基本統計調査では、平均所定内賃金（労務構成の変化の影響を除く）で1997年と2009年を比較すると、全産業・規模計で7.0％減少している。		
2012	平成24	1）賃上げの取り組み 格差是正、底上げ・底支えの観点から、すべての労働者を視野に入れ、すべての構成組織、企業別組合がおかれた状況のもとで、適正な成果配分を追求する闘争を展開する。 低下した賃金水準（＊1）の中期的な復元・格差是正に向けた取り組みを徹底し、すべての労働者のために、あらゆる労働条件を点検し、体系の歪みを正すとともに、労働者の生活実感に沿う多様な取り組みを展開する。震災からの復旧・復興等労働者の頑張りに応えることも含め、適正な配分を追求し、デフレから脱却し、活力ある社会への転換をはかる。 なお、賃金制度が未整備な組合は、構成組織の指導のもとで制度の確立・整備に向けた取り組みを強化する。連合が示す1歳・1年間差の社会的水準である5,000円（＊2）を目安に賃金水準の維持をはかる。 （＊1）厚労省・毎月勤労統計調査では、1997年と2010年で比較すると、一般労働者で4.0％減となっている。同・賃金構造基本統計調査では、平均所定内賃金（労務構成の変化の影響を除く）で1997年と2010年を比較すると、全産業・規模計で7.1％減少、1000人以上規模で5.6％、10-99人規模で8.6％減少している。 （＊2）賃金構造基本統計調査から全産業・規模計（組合員の基本賃金ベース）の1歳・1年間差は、5,000円（時間給では30円：月所定労働165時間で計算）程度と推計する。 　具体的な設定に当たっては、連合方針を踏まえ、共闘連絡会議において産業実態や共通課題を含めた情報交換・議論を行い、構成組織が決定する。		
2013	平成25	1）月例賃金 ① 賃金カーブ維持分を確保し、所得と生活水準の低下に歯止めをかける。加えて、低下した賃金水準の中期的復元・格差是正、体系のゆがみ等の是正に向けた取り組みを推進する。 ② 規模間格差や男女間格差の実態把握とその是正をはかることや、正社員と非正規社員との均衡・均等処遇の実現をはかるために、従来以上に個別銘柄の賃金水準を重視した取り組みを進める。具体的には、組合員の個別賃金実態を把握し、賃金水準や賃金カーブのゆがみ、格差是正の必要性の有無等の把握に努め、これらを改善する取り組みを強化する。構成組織は個別銘柄でのふさわしい賃金水準を設定し、実現をめざした運動を展開する。 ③ 賃金制度が未整備である組合は、構成組織の指導のもとで制度の確立・整備に向けた取り組みを強化する。連合が示す1歳・1年間差の社会的水準である5,000円を目安に賃金水準の維持をはかる。具体的な設定にあたっては、連合方針を踏まえ、共闘連絡会議において産業実態や共通課題を含めた情報交換・議論を行い、構成組織が決定する。		
2014	平成26	すべての構成組織は、月例賃金にこだわる闘いを進め、底上げ・底支えをはかるために、定昇・賃金カーブ維持相当分（約2％）を確保し、過年度物価上昇分はもとより、生産性向上分などを、賃上げ（1％以上）として求める。また、格差是正・配分のゆがみの是正（1％を目安）の要求を掲げ、「底上げ・底支え」「格差是正」に全力をあげる。		1％以上
2015	平成27	定期昇給・賃金カーブ維持相当分の確保を前提とし、過年度の消費者物価上昇分や企業収益の適正な分配の観点、経済の好循環を実現していく社会的な役割と責任を踏まえ、すべての構成組織が取り組みを推進していくことを重視し2％以上の要求を掲げ、獲得をめざす。（定期昇給相当額と賃上げ額を加えた要求は4％以上とする）	4％以上	2％以上
2016	平成28	それぞれの産業全体の「底上げ・底支え」「格差是正」に寄与する取り組みを強化する観点から2％程度を基準とし、定期昇給相当分（賃金カーブ維持相当分）を含め4％程度とする。	4％程度	2％程度を基準
2017	平成29	それぞれの産業全体の「底上げ・底支え」「格差是正」に寄与する取り組みを強化する観点から2％程度を基準とし、定期昇給相当分（賃金カーブ維持相当分）を含め4％程度とする。	4％程度	2％程度を基準
2018	平成30	それぞれの産業全体の「底上げ・底支え」「格差是正」に寄与する取り組みを強化する観点から、2％程度を基準とし、定期昇給相当分（賃金カーブ維持相当分）を含め4％程度とする。	4％程度	2％程度を基準
2019	平成31 令和1	社会全体に賃上げを促す観点とそれぞれの産業全体の「底上げ・底支え」「格差是正」に寄与する取り組みを強化する観点を踏まえ、2％程度を基準とし、定期昇給相当分（賃金カーブ維持相当分）を含め4％程度とする。	4％程度	2％程度を基準
2020	令和2	社会全体に賃上げを促す観点とそれぞれの産業全体の「底上げ」「底支え」「格差是正」に寄与する取り組みを強化する観点から、2％程度とし、定期昇給分（定昇維持相当分）を含め4％程度とする。	4％程度	2％程度
2021	令和3	定期昇給相当分（2％）の確保を大前提に、産業の「底支え」「格差是正」に寄与する「賃金水準追求」の取り組みを強化しつつ、それぞれの産業における最大限の「底上げ」に取り組むことで、2％程度の賃上げを実現し、感染症対策と経済の自律的成長の両立をめざす。	4％程度	2％程度
2022	令和4	産業の「底支え」「格差是正」に寄与する「賃金水準追求」の取り組みを強化しつつ、これまで以上に賃上げを社会全体に波及させるため、それぞれの産業における最大限の「底上げ」に取り組む。賃上げ分2％程度、定期昇給相当分（賃金カーブ維持相当分）を含め4％程度の賃上げを目安とする。	4％程度	2％程度

Ⅳ 資料編

2．中小組合の賃上げ要求の推移

西暦	和暦	要求内容	備考
1989	平成1	中小労働者の格差是正と賃金水準の底上げに向けて、15,000円の要求をめざすよう努力する。	
1990	平成2	中小労働者の賃金水準の引き上げと格差是正・縮小をめざし、少なくとも、18,000円程度の賃上げ要求をめざすよう努力する。	
1991	平成3	中小労働者の賃金格差の縮小をめざし、少なくとも19,000円程度の賃上げ要求をめざすよう努力する。	
1992	平成4	賃金、一時金の大幅な引き上げをはかるとともに、格差の大きい退職金などの格差是正に取り組む。	
1993	平成5	要求の表示にあたっては「額」「率」を合わせ示し、格差縮小に重点をおき「額」を重視する。	
1994	平成6	・格差是正に取り組む構成組織は、額で20,000円以上を要求していく。 ・産業間、規模間、男女間の賃金格差の是正の取り組みを重視する。 ・各構成組織は、格差是正分を要求に含め、(略)格差是正に取り組む。	
1995	平成7	・産業間、規模間、男女間の賃金格差の是正を重視し、構成組織は格差是正の取り組みを強化する。 ・規模間格差是正のため、中小組合は(略)格差是正分を明確にした要求を行う(略)。	○中小共闘センターの設置 （1994年10月6日の中央執行委員会で確認） ・本体方針の要求目標は14,000円中心
1996	平成8	賃上げでは、額要求を基本に、格差是正を含む個別賃金要求に取り組む。	
1997	平成9	格差是正を含む個別賃金要求に取り組む。	
1998	平成10	産業間、規模間、男女間、正規・非正規間の格差是正をはかるため、取り組みを強める。具体的には、大手の支援と連携による格差是正の取り組み、年次到達目標の設置、賃金格差是正の取り組みなど	
1999	平成11	要求方式は大手との格差是正を重視し、可能な限り年齢別ポイント賃金（個別要求）を設定し、その水準への到達をはかる。	
2000	平成12	生涯所得の格差を生み出す賃金の格差是正に向け、そのステップと手法について、産業別部門連絡会と構成組織内部における検討を行う。	
2001	平成13	最低到達目標の設定や格差是正分の別枠要求などに取り組む。	
2002	平成14	賃金カーブ維持の取り組みを一段と強化する。	
2003	平成15	賃金カーブ維持の取り組みを一段と強化する。	
2004	平成16	賃金カーブ維持分の算定が困難な中小・地場組合は5,200円の確保を目安に要求を設定する。	
2005	平成17	①賃金カーブの算定が可能な組合 　賃金カーブの確保・カーブ維持分の労使確認＋　500円以上 ②賃金カーブの算定が困難な組合 　・賃金カーブの確保相当分5,200円（目安）＋500円以上 　5,700円以上	○「中小共闘」方針を策定 ・賃金の規模・地域・男女・企業内等の格差是正や底上げとして要求を設定
2006	平成18	①賃金カーブの算定が可能な組合 　賃金カーブの確保・カーブ維持分の労使確認＋　2,000円以上（賃金改善分） ②賃金カーブの算定が困難な組合 　6,500円以上とする。 　賃金カーブの確保相当分4,500円（目安）＋2,000円以上（賃金改善分） ③環境が整っている組合の格差是正加算要求 　格差是正分とし、要求に加算する。	2,000円以上は、賃金の回復をめざした改善分とする。
2007	平成19	①賃金カーブの算定が可能な組合 　賃金カーブの確保・カーブ維持分の労使確認＋　2,500円以上（賃金改善分） ②賃金カーブの算定が困難な組合 　7,000円以上 　賃金カーブの確保相当分4,500円（目安）＋2,500円以上（賃金改善分）	物価上昇分を加えた賃金改善分とする。 ・物価上昇分(0.6％:連合総研見通し) 　× 中小の実態賃金(245,000円程度) 　≒ 1,500円 ・賃金改善分 ＝ 1,000円
2008	平成20	①賃金カーブの算定が可能な組合 　賃金カーブの確保・カーブ維持分の労使確認＋　2,500円以上（賃金改善分） ②賃金カーブの算定が困難な組合 　7,000円以上 　賃金カーブの確保相当分4,500円（目安）＋2,500円以上（賃金改善分）	中小の実態賃金(245,000円程度) ×1％≒ 2,500円 "1％"は、2008春季生活闘争基本構想の「マクロ的には労働側に実質1％以上の配分の実現をめざす。」を踏襲した。
2009	平成21	①賃金カーブの算定が可能な組合 　1段目 … 賃金カーブ維持分（単組賃金分析結果より算出） 　2段目 … ベースアップ分（物価上昇見合い分として2％弱） 　3段目 … 格差是正分（経済成長分や産別組織・地方連合会などの方針を踏まえ、単組の事情により設定） ②賃金カーブの算定が困難な組合 　9,000円以上とする 　1段目 … 賃金カーブ維持分（4,500円） 　2段目 … ベースアップ分（4,500円以上（推計月例賃金×2％弱）） 　3段目 … 格差是正分（上記①と同様）	賃金カーブ維持分に加え、物価上昇をベースアップに含めた生活維持分の確保に重点を置いた要求目安とする。 また、三段積み上げ方式とし、賃金改善分を二段目および三段目とする。
2010	平成22	①賃金カーブの算定が可能な組合 　賃金カーブの確保・カーブ維持分の労使確認＋500円以上（賃金改善分） ②賃金カーブの算定が困難な組合 　5,000円以上 　→賃金カーブの確保相当分4,500円（目安）＋500円以上	それぞれが賃金を全体的に検証し、是正や立ち遅れている部分も含めた要求を組み立てることとし、「500円以上」を賃金改善分とした。
2011	平成23	①賃金カーブ維持分を算定可能な組合（定昇制度が確立している組合を含む）は、その維持原資を労使で確認する。 ②賃金カーブ維持分が算定困難な組合は、賃金カーブ維持相当分として4,500円を要求する。 ③賃金水準の低下や賃金格差、賃金のひずみなどの状況に応じて、賃金改善分として1％を目安に要求、交渉を展開する。	

西暦	和暦	要求内容	備考
2012	平成24	①賃金カーブ維持分を算定可能な組合（定昇制度が確立している組合を含む）は、その維持原資を労使で確認する。 ②賃金カーブ維持分が算定困難な組合は、賃金カーブ維持相当分として4,500円を要求する。 ③賃金水準の低下や賃金格差、賃金のひずみなどの状況に応じて、賃金改善分として1％を目安に要求、交渉を展開する。	
2013	平成25	(1)賃金カーブ維持 　①賃金カーブ維持分を算定可能な組合（定昇制度が確立している組合を含む）は、その維持原資を労使で確認する。 　②賃金カーブ維持分が算定困難な組合は、賃金カーブ維持相当分として4,500円を要求する。 (2)賃金水準の低下や賃金格差、賃金のひずみなどの状況に応じて、1％を目安に賃金引き上げを要求する。	
2014	平成26	(1)賃金カーブ維持 　賃金カーブ維持分を算定可能な組合（定昇制度が確立している組合を含む）は、その維持原資を労使で確認する。 (2)賃金の引き上げ 　景気回復局面、物価上昇局面にあることや、賃金水準の低下や賃金格差、賃金のひずみの是正をはかることをめざし、5,000円の賃金引き上げを目安とする。 　したがって、賃金カーブ維持分が算定困難な組合は、賃金カーブ維持相当分の4,500円を含め9,500円を目安に賃金引き上げを求める。	
2015	平成27	(1)賃金引き上げ要求目安 　過年度物価上昇相当分の確保とともに、「格差是正」「底上げ・底支え」をさらに前進させていくことが重要である。具体的な賃上げ目標は、従前と同様、中小組合の平均賃金を基準とした引き上げ額をベースとした上で、「格差是正」「底上げ・底支え」をはかる観点で、連合加盟組合平均賃金との格差の拡大を解消する水準を設定する。すなわち、連合加盟組合全体平均賃金水準の2％相当額との差額を上乗せした金額を賃上げ水準目標（6,000円）とし、賃金カーブ維持分（4,500円）を含め総額で10,500円以上を目安に賃金引き上げを求める。	
2016	平成28	(1)月例賃金の引き上げ 　中小組合の平均賃金を基準とした引き上げ額をベースとしたうえで、「底上げ・底支え」「格差是正」をはかる観点で、連合加盟組合平均賃金との格差の拡大を解消する水準を設定する。すなわち、連合加盟組合全体平均賃金水準の2％相当額との差額を上乗せした金額を賃上げ水準目標（6,000円）とし、賃金カーブ維持分（1年・1歳間差）（4,500円）を含め、総額で10,500円以上を目安に賃金引き上げを求める。	
2017	平成29	(1)月例賃金の引き上げ 　中小組合の平均賃金を基準とした引き上げ額をベースとしたうえで、「底上げ・底支え」「格差是正」をはかる観点で、連合加盟組合平均賃金との格差の拡大を解消する水準を設定する。すなわち、連合加盟組合全体平均賃金水準の2％相当額との差額を上乗せした金額を賃上げ水準目標（6,000円）とし、賃金カーブ維持分（1年・1歳間差）（4,500円）を含め、総額で10,500円以上を目安に賃金引き上げを求める。	
2018	平成30	(1)月例賃金の引き上げ 　中小組合の平均賃金を基準とした引き上げ額をベースとした上で、「底上げ・底支え」「格差是正」をはかる観点で、連合加盟組合平均賃金との格差の拡大を解消するために、率ではなく額で水準を設定する。すなわち、連合加盟組合全体平均賃金水準の2％相当額との差額を上乗せした金額を賃上げ水準目標（6,000円）とし、賃金カーブ維持分（1年・1歳間差）（4,500円）を含め、総額で10,500円以上を目安にすべての中小組合は賃金引き上げを求める。	
2019	平成31 令和1	①賃金の絶対額を重視した月例賃金の引き上げ 　a）すべての中小組合は、賃金カーブ維持相当分（1年・1歳間差）を確保した上で、自組合の賃金と社会横断的水準を確保するための指標とを比較し、その水準の到達に必要な額を加えた総額で賃金引き上げを求める。また、獲得した賃金改善原資の各賃金項目への配分等にも積極的に関与する。 　b）賃金実態が把握できないなどの事情がある場合は、連合加盟中小組合の平均賃金水準約25万円と賃金カーブ維持分（1年・1歳間差）をベースとして組み立て、連合加盟組合平均賃金水準約30万円との格差を解消するために必要な額を加えて、引き上げ要求を設定する。すなわち、連合加盟組合平均賃金水準の2％相当額との差額を上乗せした金額6,000円を賃上げ目標金額とし、賃金カーブ維持分4,500円を加え、総額10,500円以上を目安に賃金の引き上げを求める。	中小共闘方針を闘争方針本体に組み入れた。
2020	令和2	a）すべての中小組合は、賃金カーブ維持相当分（1年・1歳間差）を確保した上で、自組合の賃金と社会横断的水準を確保するための指標を比較し、その水準の到達に必要な額を加えた総額で賃金引き上げを求める。また、獲得した賃金改善原資の各賃金項目への配分等にも積極的に関与する。 b）賃金実態が把握できないなどの事情がある場合は、連合加盟中小組合の平均賃金水準（約25万円）と賃金カーブ維持分（1年・1歳間差）をベースとして組み立て、連合加盟組合平均賃金水準（約30万円）との格差を解消するために必要な額を加えて、引き上げ要求を設定する。すなわち、連合加盟組合平均賃金水準の2％相当額との差額を上乗せした金額6,000円を賃上げ目標金額とし、賃金カーブ維持分4,500円を加え、総額10,500円以上を目安に賃金の引き上げを求める。	
2021	令和3	①すべての中小組合は、賃金カーブ維持相当分（1年・1歳間差）を確保した上で、自組合の賃金と社会横断的水準を確保するための指標を比較し、その水準の到達に必要な額を加えた総額で賃金引き上げを求める。また、獲得した賃金改善原資の各賃金項目への配分等にも積極的に関与する。 ②賃金実態が把握できないなどの事情がある場合は、連合加盟中小組合の平均賃金水準（約25万円）と賃金カーブ維持分（1年・1歳間差）をベースとして組み立て、連合加盟組合平均賃金水準（約30万円）との格差を解消するために必要な額を加えて、引き上げ要求を設定する。すなわち、賃金カーブ維持分（4,500円）の確保を大前提に、連合加盟組合平均水準の2％相当額との差額を上乗せした金額6,000円を賃上げ目標とし、総額10,500円以上を目安に賃金に賃上げを求める。	
2022	令和4	①すべての中小組合は、（中略）賃金カーブ維持相当分（1年・1歳間差）を確保した上で、自組合の賃金と社会横断的水準を確保するための指標（中略）を比較し、その水準の到達に必要な額を加えた総額で賃金引き上げを求める。また、獲得した賃金改善原資の各賃金項目への配分等にも積極的に関与する。 ②賃金実態が把握できないなどの事情がある場合は、連合加盟中小組合の平均賃金水準（約25万円）と賃金カーブ維持分（1年・1歳間差）をベースとして組み立て、連合加盟組合平均賃金水準（約30万円）との格差を解消するために必要な額を加えて、引き上げ要求を設定する。すなわち、賃金カーブ維持分（4,500円）の確保を大前提に、連合加盟組合平均水準との差額を上乗せした金額9,000円を賃上げ目標とし、総額13,500円以上を目安に賃上げを求める。	

※中小共闘方針は2005闘争から2018闘争まで策定した。これ以外の闘争については、本体方針からの抜粋である。

3．連合リビングウェイジ2022簡易改定版総括表

世帯構成	単身成人	2人 (成人・保育児)	2人 (成人男女)	3人 (成人・中学生・小学生)	3人 (成人男女・小学生)	4人 (成人男女・小学生2人)	4人 (成人男女・高校生・中学生)
住居間取り	1K	1DK	1DK	2DK	2DK	3DK	3DK
1. 食料費	36,370	46,488	68,928	76,645	85,372	91,911	114,008
内食費	17,140	22,282	34,280	47,992	46,278	49,535	61,190
昼食代	10,442	10,442	20,884	10,442	20,884	20,884	31,325
外食費	3,494	5,823	5,823	8,153	8,153	9,317	9,317
し好費	5,294	7,941	7,941	10,058	10,058	12,175	12,175
2. 住居費	49,586	51,681	51,681	54,825	54,825	74,944	74,944
家賃・管理費・更新料	49,250	51,346	51,346	54,490	54,490	74,609	74,609
住宅保険料	335	335	335	335	335	335	335
3. 光熱・水道費	8,982	17,506	17,506	20,555	20,555	24,391	24,391
電気代	3,798	7,578	7,578	8,525	8,525	9,811	9,811
ガス代	3,327	5,577	5,577	6,298	6,298	6,874	6,874
上下水道費	1,856	4,350	4,350	5,732	5,732	7,706	7,706
4. 家具・家事用品	3,100	6,220	6,565	7,462	7,745	8,859	8,859
耐久消費財	984	3,001	3,121	3,001	3,121	3,476	3,476
室内装備品・照明器具・寝具類	719	1,250	1,422	1,769	1,940	2,431	2,431
台所・調理用品・食器	454	776	773	868	859	933	933
玄関・洗濯・裁縫・掃除・風呂用品	327	426	481	638	638	736	736
消耗品	616	768	768	1,186	1,186	1,282	1,282
5. 被服・履物費	9,351	11,975	18,145	16,700	20,809	23,473	27,516
被服費	4,484	6,241	8,306	8,442	10,063	11,820	12,709
衣料小物	1,482	1,895	3,221	2,671	3,674	4,127	4,692
履き物	2,147	2,539	4,403	3,658	4,795	5,188	6,640
クリーニング代	1,238	1,300	2,215	1,929	2,277	2,338	3,474
6. 保健・医療費	12,860	14,976	21,558	27,724	27,889	34,160	38,258
医薬品	749	1,094	1,094	1,360	1,360	1,592	1,592
医療器具	1,830	2,040	2,762	3,837	3,473	4,184	5,152
理美容用品	4,888	5,249	6,916	8,548	7,977	9,011	12,142
医療費	3,093	3,093	6,186	9,280	9,280	12,373	12,373
医療保険料	2,300	3,500	4,600	4,700	5,800	7,000	7,000
7. 交通・通信費	8,498	8,684	13,620	16,233	16,233	18,332	24,379
交通費	2,800	2,800	5,600	7,000	7,000	8,400	11,200
郵便費	186	372	372	558	558	744	744
通信費	5,512	5,512	7,649	8,675	8,675	9,188	12,435
8. 教育費	0	6,172	0	24,229	8,965	17,929	36,672
高等学校	0	0	0	0	0	0	21,407
中学校	0	0	0	15,265	0	0	15,265
小学校	0	0	0	8,965	8,965	17,929	0
保育施設	0	6,172	0	0	0	0	0
9. 教養娯楽費	8,620	15,292	18,716	21,726	22,097	25,478	29,792
教養娯楽耐久財	1,821	2,620	2,364	3,177	3,037	3,710	3,731
家庭教養文房具	200	200	200	200	200	200	200
情報料	1,235	5,421	5,421	5,421	5,421	5,421	5,421
帰省費	2,555	2,555	5,110	5,621	6,132	7,153	9,197
レジャー費	2,811	4,497	5,622	7,308	7,308	8,994	11,243
10. その他	13,790	13,790	20,482	16,832	21,496	22,510	25,856
社会的交際費	7,098	7,098	7,098	7,098	7,098	7,098	7,098
小遣い（成人）	6,692	6,692	13,384	6,692	13,384	13,384	13,384
小遣い（成人以外）	0	0	0	3,042	1,014	2,028	5,374
月間消費支出計	151,155	192,785	237,202	282,931	285,986	341,988	404,676
（自動車保有の場合）	190,632	232,262	276,679	322,407	325,463	381,464	444,153
児童手当受給額	0	10,000	0	20,000	10,000	20,000	10,000
月間必要生計費	151,155	182,785	237,202	262,931	275,986	321,988	394,676
（自動車保有の場合）	190,632	222,262	276,679	302,407	315,463	361,464	434,153
年間必要生計費	1,813,863	2,193,418	2,846,424	3,155,166	3,311,832	3,863,853	4,736,110
（自動車保有の場合）	2,287,584	2,667,139	3,320,145	3,628,887	3,785,553	4,337,574	5,209,830

2022簡易改定版連合リビングウェイジ（＝必要生計費＋税・社会保険料）

	単身成人	2人 (成人・保育児)	2人 (成人男女)	3人 (成人・中学生・小学生)	3人 (成人男女・小学生)	4人 (成人男女・小学生2人)	4人 (成人男女・高校生・中学生)
LW年額	2,258,610	2,679,567	3,594,878	3,925,807	4,224,631	4,958,250	6,109,255
（自動車保有の場合）	2,870,922	3,308,328	4,233,990	4,565,120	4,864,883	5,621,885	6,783,044
LW月額	188,217	223,297	299,573	327,151	352,053	413,187	509,105
（自動車保有の場合）	239,243	275,694	352,832	380,427	405,407	468,490	565,254
LW時間額（月165h）	1,141	1,353	1,816	1,983	2,134	2,504	3,085
（自動車保有の場合）	1,450	1,671	2,138	2,306	2,457	2,839	3,426

注：LW時間額＝LW月額/165時間（2021「賃金構造基本統計調査」所定内実労働時間数全国平均）。成人はいずれも勤労者を想定。2人（成人男女）世帯はいずれも勤労者を想定。
　　ただしLW時間額は世帯として必要な時間額であることに留意。成人・高校生・中学生について男女の別の記載がない構成員区分については、女性の数値を用いた
出所：2021連合リビングウェイジに2022年7月時点の物価上昇を反映（総務省「消費者物価指数」全国中分類指数）し連合作成

4．2022簡易改定リビングウェイジ（LW）と2022地域別最低賃金との比較

		2022簡易改定LW			2022LW（自動車保有の場合）			⑤2022 地域別 最低賃金	地域物価指数	
		①時間額 *1	②月額 *2	最賃比	③時間額 *1	④月額 *2	最賃比		住居費以外 *3	住居費 *4
		②/165h（円）	（円）	⑤/①	④/165h（円）	（円）	⑤/③	（円）	さいたま市＝100	
地賃 A	東　京	1,230	203,000	87.2	1,545	255,000	69.4	1,072	101.7	125.6
	神 奈 川	1,170	193,000	91.5	1,485	245,000	72.1	1,071	101.4	106.1
	大　阪	1,100	181,000	93.0	1,400	231,000	73.1	1,023	98.8	88.3
	埼　玉	1,110	183,000	88.9	1,412	233,000	69.9	987	98.9	92.5
	愛　知	1,070	176,000	92.1	1,370	226,000	72.0	986	97.4	82.7
	千　葉	1,110	183,000	88.6	1,412	233,000	69.7	984	99.2	91.0
地賃 B	京　都	1,100	182,000	88.0	1,412	233,000	68.5	968	100.0	87.6
	兵　庫	1,100	181,000	87.3	1,400	231,000	68.6	960	98.8	88.4
	静　岡	1,060	175,000	89.1	1,364	225,000	69.2	944	97.7	79.0
	三　重	1,040	172,000	89.7	1,352	223,000	69.0	933	98.6	71.8
	広　島	1,050	174,000	88.6	1,358	224,000	68.5	930	98.2	76.0
	滋　賀	1,070	176,000	86.6	1,376	227,000	67.4	927	99.3	77.3
	栃　木	1,040	171,000	87.8	1,339	221,000	68.2	913	97.6	71.5
	茨　城	1,030	170,000	88.4	1,333	220,000	68.3	911	97.2	71.5
	富　山	1,030	170,000	88.2	1,333	220,000	68.1	908	98.2	68.9
	長　野	1,020	169,000	89.0	1,321	218,000	68.7	908	96.9	68.9
	山　梨	1,020	169,000	88.0	1,321	218,000	68.0	898	97.3	68.1
地賃 C	北 海 道	1,050	173,000	87.6	1,358	224,000	67.8	920	100.7	66.7
	岐　阜	1,030	170,000	88.3	1,327	219,000	68.6	910	96.9	71.0
	福　岡	1,050	173,000	85.7	1,352	223,000	66.6	900	97.5	76.3
	奈　良	1,050	173,000	85.3	1,352	223,000	66.3	896	97.0	77.7
	群　馬	1,010	167,000	88.6	1,309	216,000	68.4	895	96.2	67.7
	岡　山	1,040	172,000	85.8	1,339	221,000	66.6	892	97.4	73.5
	石　川	1,050	174,000	84.9	1,364	225,000	65.3	891	99.7	72.5
	新　潟	1,030	170,000	86.4	1,333	220,000	66.8	890	97.5	71.1
	和 歌 山	1,040	171,000	85.5	1,345	222,000	66.1	889	99.2	67.8
	福　井	1,040	171,000	85.4	1,339	221,000	66.3	888	98.9	68.2
	山　口	1,020	169,000	87.1	1,333	220,000	66.6	888	99.7	62.8
	宮　城	1,060	175,000	83.3	1,364	225,000	64.8	883	98.6	77.1
	香　川	1,040	172,000	84.4	1,352	223,000	65.0	878	98.6	71.5
	徳　島	1,040	171,000	82.2	1,345	222,000	63.5	855	99.5	66.7
地賃 D	福　島	1,030	170,000	83.3	1,339	221,000	64.1	858	99.0	66.8
	青　森	1,010	167,000	84.5	1,315	217,000	64.9	853	97.9	62.3
	岩　手	1,020	169,000	83.7	1,333	220,000	64.1	854	99.0	65.0
	秋　田	1,010	167,000	84.5	1,315	217,000	64.9	853	97.9	62.9
	山　形	1,050	173,000	81.3	1,358	224,000	62.9	854	100.2	68.0
	鳥　取	1,020	168,000	83.7	1,321	218,000	64.6	854	98.1	64.0
	島　根	1,030	170,000	83.2	1,339	221,000	64.0	857	99.6	64.5
	愛　媛	1,020	169,000	83.6	1,327	219,000	64.3	853	98.0	65.9
	高　知	1,030	170,000	82.8	1,333	220,000	64.0	853	99.4	64.2
	佐　賀	1,020	169,000	83.6	1,327	219,000	64.3	853	98.1	67.1
	長　崎	1,030	170,000	82.8	1,333	220,000	64.0	853	98.9	65.8
	熊　本	1,030	170,000	82.8	1,333	220,000	64.0	853	98.8	65.9
	大　分	1,020	168,000	83.7	1,321	218,000	64.6	854	97.9	65.6
	宮　崎	990	163,000	86.2	1,285	212,000	66.4	853	96.1	60.4
	鹿 児 島	990	164,000	86.2	1,297	214,000	65.8	853	96.7	61.1
	沖　縄	1,050	173,000	81.2	1,352	223,000	63.1	853	98.9	72.4

注：*1　①③時間額は、それぞれ②④月額を「賃金構造基本統計調査」（厚生労働省、2021）所定内実労働時間数全国平均（165時間）で除し、10円未満は四捨五入した
　　*2　さいたま市のリビングウェイジ（成人単身）を住居費（49,586円）と住居費以外（138,784円、自動車保有の場合は189,691円）に分解し、それぞれさいたま市を100とする地域物価指数（*3*4）を乗じて算出した
　　*3　『住居費以外の地域物価指数』は、「小売物価統計（構造編）」（総務省統計局、2020）の「家賃を除く総合」指数から算出した
　　*4　『住居費の地域物価指数』は、「住宅・土地統計調査」（総務省統計局、2018）「1ヵ月あたり家賃・間代」（0円を含まない）と「1ヵ月あたり共益費・管理費」（0円を含まない）を足した額から算出した

IV 資料編

５．2022年度地域別最低賃金・改定額一覧

ランク	中賃の目安額		引上げ額				改定後の地賃額		
	2021	2022	2021		2022		2020 ①	2021 ②	2022 ③
			額 ②-①	率	額 ③-②	率			
A	28	31	28	2.87%	31	3.09%	976	1,004	1,035
B	28	31	28	3.20%	32	3.54%	875	903	935
C	28	30	28	3.34%	31	3.58%	839	867	898
D	28	30	29	3.66%	32	3.89%	793	822	854
全国加重平均	28	31	28	3.10%	31	3.33%	902	930	961

※ランク別の額・率は連合試算、加重平均は厚生労働省公表

C：北海道 ¥920

D：青森 ¥853
D：秋田 ¥853　D：岩手 ¥854
D：山形 ¥854　C：宮城 ¥883
C：石川 ¥891　B：富山 ¥908　C：新潟 ¥890　D：福島 ¥858
C：群馬 ¥895　B：栃木 ¥913　B：茨城 ¥911
D：佐賀 ¥853　C：福岡 ¥900
D：島根 ¥857　D：鳥取 ¥854　C：福井 ¥888　C：岐阜 ¥910　B：長野 ¥908　A：埼玉 ¥987
C：山口 ¥888　B：広島 ¥930　C：岡山 ¥892　B：兵庫 ¥960　B：京都 ¥968　B：滋賀 ¥927　B：山梨 ¥898　A：東京 ¥1,072　A：千葉 ¥984
D：長崎 ¥853　D：熊本 ¥853　D：大分 ¥854　D：宮崎 ¥853
A：大阪 ¥1,023　C：奈良 ¥896　A：愛知 ¥986　B：静岡 ¥944　A：神奈川 ¥1,071
D：鹿児島 ¥853
D：愛媛 ¥853　C：香川 ¥878　C：和歌山 ¥889　B：三重 ¥933
D：高知 ¥853　C：徳島 ¥855
D：沖縄 ¥853

	目安どおり で結審	目安プラス1円 で結審	目安プラス2円 で結審	目安プラス3円 で結審
都道府県数	25	9	8	5

出所：連合作成

6. 連合構成組織の標準労働者ポイント別賃金水準・年間一時金

(1) 高卒・生産労働者（技能）標準労働者（連合登録組合集計）
（単位：円）

産業別部門		20歳	25歳	30歳	35歳	40歳	45歳
金　属	所定内	183,539	215,475	264,455	302,980	337,134	362,651
	一時金	845,349	1,030,899	1,294,092	1,455,564	1,590,636	1,733,092
化学・繊維	所定内	180,962	210,741	267,532	304,076	331,216	358,608
	一時金	765,648	907,324	1,131,422	1,301,963	1,432,626	1,538,148
食　品	所定内	185,154	214,356	267,618	316,429	346,095	373,096
	一時金	600,381	771,774	1,048,276	1,123,961	1,372,022	1,482,678
資源・エネルギー	所定内	186,835	224,545	269,516	318,466	348,027	372,622
	一時金	778,269	982,742	1,178,745	1,458,357	1,562,003	1,700,680
交通・運輸	所定内	187,830	218,107	254,624	285,208	293,696	305,831
	一時金	197,798	559,017	609,060	670,644	725,373	783,448
サービス・一般	所定内	185,429	213,048	258,120	287,349	311,591	323,174
	一時金	-	-	-	-	-	-
情報・出版	所定内	-	-	-	-	-	-
	一時金	-	-	-	-	-	-
商業・流通	所定内	-	-	-	-	-	325,994
	一時金	-	-	-	-	-	-
保険・金融	所定内	-	-	-	-	-	-
	一時金	-	-	-	-	-	-
建設・資材・林産	所定内	-	-	-	-	-	-
	一時金	-	-	-	-	-	-
規模別 1,000人以上	所定内	186,673	219,632	271,335	313,516	343,549	368,022
	一時金	749,642	901,243	1,146,186	1,314,210	1,431,336	1,536,697
規模別 300～999人	所定内	181,245	208,195	257,344	291,127	311,876	331,818
	一時金	605,445	694,442	871,611	981,369	967,317	1,036,267
規模別 300人未満	所定内	182,959	214,324	248,708	277,849	296,730	308,220
	一時金	561,541	609,977	758,787	816,715	848,832	908,072
総　計	所定内	184,486	215,467	263,494	301,120	326,293	347,226
	一時金	678,957	799,644	1,002,101	1,133,904	1,199,492	1,283,038

注：1. 一時金は年間合計（2021年末、2022年夏、その他）　2. 各金額は各項目の回答組合数による単純平均値（回答組合数5未満は非表示）
出所：連合「労働条件調査」（2022年度）

(2) 高卒・事務技術労働者（職員）標準労働者（連合登録組合集計）
（単位：円）

産業別部門		20歳	25歳	30歳	35歳	40歳	45歳
金　属	所定内	181,027	210,826	260,796	296,146	324,303	344,180
	一時金	813,953	1,013,396	1,247,425	1,405,562	1,583,652	1,634,863
化学・繊維	所定内	179,105	203,772	258,171	292,357	316,962	335,861
	一時金	743,041	844,151	1,042,595	1,181,339	1,303,241	1,349,301
食　品	所定内	191,785	223,802	274,393	329,531	354,586	381,575
	一時金	606,812	828,287	1,210,079	1,311,338	1,579,188	1,669,892
資源・エネルギー	所定内	183,412	222,057	280,135	332,242	366,227	401,392
	一時金	799,219	997,585	1,216,653	1,477,857	1,624,146	1,861,166
交通・運輸	所定内	185,496	208,142	251,675	276,026	298,365	311,070
	一時金	473,151	539,502	593,582	682,487	724,766	782,808
サービス・一般	所定内	190,178	221,661	263,977	301,142	337,809	350,169
	一時金	700,397	754,007	895,453	1,016,202	1,121,450	1,060,352
情報・出版	所定内	191,102	225,286	280,267	328,152	355,109	383,796
	一時金	868,105	1,068,080	1,273,664	1,456,236	1,574,372	1,715,547
商業・流通	所定内	186,187	228,876	284,042	316,252	354,198	379,814
	一時金	759,004	972,537	1,174,348	1,231,405	1,398,502	1,535,861
保険・金融	所定内	199,770	243,265	322,587	361,700	407,474	424,793
	一時金	793,221	977,665	1,166,484	1,342,704	1,530,645	1,617,981
建設・資材・林産	所定内	-	-	-	-	-	-
	一時金	-	-	-	-	-	-
規模別 1,000人以上	所定内	189,494	223,772	279,306	322,237	353,963	378,516
	一時金	745,263	903,477	1,112,080	1,280,215	1,450,209	1,547,777
規模別 300～999人	所定内	183,129	209,232	259,106	294,240	316,859	337,692
	一時金	635,531	754,965	871,759	1,018,141	1,022,211	1,095,390
規模別 300人未満	所定内	178,852	202,168	244,677	265,299	292,439	303,628
	一時金	561,453	606,708	725,136	791,883	879,950	931,876
総　計	所定内	186,199	216,681	269,002	306,123	335,735	356,932
	一時金	689,310	824,891	992,673	1,140,584	1,264,117	1,340,307

注：1. 一時金は年間合計（2021年末、2022年夏、その他）　2. 各金額は各項目の回答組合数による単純平均値（回答組合数5未満は非表示）
出所：連合「労働条件調査」（2022年度）

(3) 学歴別初任賃金（連合登録組合集計）
（単位：円）

産業別部門	事務・技術労働者 大学卒 区分なし	事務・技術労働者 大学卒 総合職	事務・技術労働者 大学卒 一般職	事務・技術労働者 高卒	生産労働者 高卒
金　属	213,990	215,678	190,988	170,663	170,409
化学・繊維	216,896	217,457	190,090	168,602	171,662
食　品	208,275	212,183	-	173,139	172,004
資源・エネルギー	213,183			169,776	173,376
交通・運輸	196,249	205,323	179,104	169,946	173,286
サービス・一般	206,813	219,239		176,791	170,205
情報・出版	211,223	-		175,673	-
商業・流通	212,440	221,710		177,463	177,046
保険・金融	211,161			179,092	
建設・資材・林産	225,496			189,022	
規模別 1,000人以上	216,351	218,249	188,466	174,446	174,475
規模別 300～999人	205,298	210,771	188,651	168,729	170,000
規模別 300人未満	194,134	204,011	-	166,948	167,335
総　計	209,374	216,004	188,714	171,511	171,900

注：各金額は各項目の回答組合数による単純平均値（回答組合数5未満は非表示）
出所：連合「労働条件調査」（2022年度）

Ⅳ 資料編

7．短時間労働者の1時間あたり所定内給与額

（企業規模10人以上・産業・都道府県別・男女計・平均・時間額）

都道府県	2022 連合リビングウェイジ	2022 地域別最低賃金	産業計	鉱業、採石業、砂利採取業	建設業	製造業	電気・ガス・熱供給・水道業	情報通信業	運輸業、郵便業	卸売業、小売業	金融業、保険業	不動産業、物品賃貸業	学術研究、専門・技術サービス業	宿泊業、飲食サービス業	生活関連サービス業、娯楽業	教育、学習支援業	医療、福祉	複合サービス事業	サービス業（他に分類されないもの）
北海道	1,050	920	1,265	–	1,893	1,017	951	1,127	1,112	1,037	1,239	1,075	1,392	1,245	1,294	2,770	1,616	1,217	1,118
青　森	1,010	853	1,229	1,056	1,019	913	1,140	1,054	1,063	1,385	1,017	969	1,219	955	1,082	2,426	1,234	1,079	933
岩　手	1,020	854	1,077	1,112	1,428	1,110	1,586	1,383	1,054	951	1,584	1,085	1,184	987	1,062	2,221	1,183	1,047	959
宮　城	1,060	883	1,185	1,155	1,365	1,118	1,073	1,286	1,005	1,032	1,130	1,062	1,258	1,065	1,046	2,120	1,572	1,166	1,201
秋　田	1,010	853	1,032	900	1,138	903	1,036	1,084	1,137	1,001	1,638	1,126	1,255	974	1,053	1,268	1,115	1,306	951
山　形	1,050	854	1,130	980	1,543	1,204	1,486	1,130	968	992	1,381	1,062	1,333	1,077	980	1,966	1,280	1,109	941
福　島	1,030	858	1,114	1,185	1,302	975	1,023	1,114	1,018	1,003	1,359	1,020	1,244	1,092	1,051	2,432	1,254	1,250	1,017
茨　城	1,030	911	1,283	–	1,186	1,188	2,572	1,302	1,204	1,045	1,295	1,103	1,796	1,050	1,294	2,308	1,514	1,182	1,240
栃　木	1,040	913	1,217	1,085	1,653	1,084	1,092	1,621	1,093	1,099	1,148	1,104	1,470	1,071	1,046	1,988	1,358	1,145	1,975
群　馬	1,010	895	1,286	1,218	1,595	1,109	1,586	1,208	1,034	1,053	1,485	1,331	1,505	1,192	1,769	3,163	1,328	1,172	1,062
埼　玉	1,110	987	1,350	1,074	1,369	1,083	1,719	1,433	1,201	1,088	1,263	1,190	1,512	1,247	1,301	2,254	2,087	1,303	1,142
千　葉	1,110	984	1,353	1,055	1,217	1,203	2,591	1,385	1,216	1,116	1,472	1,240	1,609	1,166	1,449	2,183	1,820	1,244	1,266
東　京	1,230	1,072	1,746	1,547	2,219	1,286	2,048	1,860	1,612	1,246	2,101	1,292	1,794	1,511	1,948	2,755	2,910	1,432	1,501
神奈川	1,170	1,071	1,474	2,014	1,256	1,265	1,727	1,472	1,406	1,227	1,547	1,254	1,737	1,331	1,306	2,391	1,895	1,632	1,278
新　潟	1,030	890	1,127	1,480	1,404	1,030	1,027	1,393	1,085	1,022	1,196	1,056	1,376	959	1,114	2,366	1,311	1,181	1,010
富　山	1,030	908	1,282	903	1,227	1,070	1,834	1,540	1,205	1,016	1,187	1,198	1,321	1,083	1,113	2,189	1,751	1,140	1,322
石　川	1,050	891	1,232	1,384	1,332	1,358	1,409	1,562	1,224	1,042	1,136	1,082	3,586	1,452	1,232	1,632	1,341	1,146	1,007
福　井	1,040	888	1,180	1,771	1,188	1,010	1,043	1,238	1,285	1,062	1,871	1,034	1,710	1,030	1,175	1,679	1,402	1,106	1,195
山　梨	1,020	898	1,305	1,011	1,499	1,109	1,142	1,240	1,139	1,031	1,215	1,007	1,425	1,326	1,091	3,168	1,646	1,144	1,070
長　野	1,020	908	1,192	2,128	1,550	1,027	1,040	1,539	1,094	1,024	1,378	1,077	1,079	1,162	1,144	2,321	1,352	1,215	1,295
岐　阜	1,030	910	1,176	1,040	1,251	1,065	1,180	1,320	1,134	995	1,111	1,039	1,202	1,252	1,282	1,749	1,319	1,187	1,252
静　岡	1,060	944	1,382	1,013	1,419	1,147	1,437	1,500	1,025	1,069	1,254	1,135	2,669	1,221	1,188	2,418	2,345	1,164	1,127
愛　知	1,070	986	1,362	1,070	1,289	1,229	1,617	1,527	1,317	1,106	1,624	1,222	1,212	1,292		3,077	1,813	1,269	1,114
三　重	1,040	933	1,284	1,115	1,284	1,121	1,211	1,296	1,162	1,129	1,518	1,208	1,499	1,407	1,208	2,350	1,358	1,205	1,425
滋　賀	1,070	927	1,342	–	1,311	1,301	1,805	1,140	1,130	1,072	1,505	1,088	1,295	1,051	1,251	2,334	2,006	1,121	1,128
京　都	1,100	968	1,566	989	1,638	1,266	1,269	1,386	1,205	1,154	1,537	1,123	1,547	1,486	1,400	2,747	2,084	1,167	1,359
大　阪	1,100	1,023	1,430	–	2,132	1,187	2,227	1,722	1,180	1,190	1,585	1,274	1,474	1,263	1,629	2,211	1,972	1,309	1,338
兵　庫	1,100	960	1,387	1,290	1,335	1,167	1,457	2,083	1,151	1,133	1,410	1,172	1,454	1,147	1,356	2,423	1,972	1,469	1,292
奈　良	1,050	896	1,260	1,084	1,261	1,123	981	1,226	1,075	1,001	1,402	1,018	1,387	1,057	1,174	2,248	1,753	1,183	1,111
和歌山	1,040	889	1,250	3,702	1,493	986	1,500	1,297	1,088	1,008	1,200	1,151	2,013	1,065	1,280	1,925	1,708	1,489	1,060
鳥　取	1,020	854	1,400	–	1,521	962	1,755	1,432	1,016	960	1,090	1,024	1,328	2,131	999	1,697	1,499	1,086	1,048
島　根	1,030	857	1,259	1,050	1,085	950	–	1,196	1,083	985	2,479	1,029	1,304	1,048	1,672	1,530	1,738	1,223	1,021
岡　山	1,040	892	1,434	1,456	1,344	1,156	1,629	1,172	1,286	1,036	1,539	1,199	1,549	1,283	1,091	2,479	2,398	1,124	1,079
広　島	1,050	930	1,303	1,125	1,319	1,207	1,851	1,223	1,264	1,064	1,528	1,038	1,395	1,161	1,169	2,223	1,748	1,278	1,176
山　口	1,020	888	1,214	1,390	1,347	1,113	1,065	1,545	1,120	1,035	1,596	1,130	1,433	1,005	1,269	2,260	1,439	1,266	1,075
徳　島	1,040	855	1,202	1,227	1,705	1,138	856	1,086	1,109	1,011	1,245	1,202	1,480	1,001	1,047	1,298	1,820	1,074	1,201
香　川	1,040	878	1,187	2,267	1,222	1,088	1,664	1,313	1,074	1,021	1,260	966	1,249	1,105	1,275	1,667	1,502	1,105	1,076
愛　媛	1,020	853	1,080	922	962	949	828	1,568	1,090	1,061	1,539	1,045	1,123	949	1,028	1,806	1,187	1,088	1,028
高　知	1,030	853	1,212	1,183	1,449	967	1,126	909	1,065	945	1,770	1,031	1,279	1,042	1,085	2,313	1,877	1,066	996
福　岡	1,050	900	1,265	2,188	1,303	1,123	1,532	1,555	1,107	1,015	1,330	1,074	1,355	1,218	1,354	1,719	1,730	1,138	1,109
佐　賀	1,020	853	1,282	–	1,223	995	1,040	1,185	1,234	1,029	1,060	970	1,431	1,228	1,142	2,166	2,102	1,024	973
長　崎	1,030	853	1,137	–	1,329	1,105	1,540	1,187	1,299	959	1,135	984	1,625	993	1,153	1,672	1,439	1,021	1,070
熊　本	1,030	853	1,198	1,021	1,211	958	880	1,231	1,084	984	1,159	994	1,565	1,080	1,212	1,930	1,463	1,134	1,079
大　分	1,020	854	1,113	–	976	986	1,288	1,037	1,138	946	1,682	1,042	1,093	1,130	1,010	1,783	1,284	1,127	1,091
宮　崎	990	853	1,092	1,074	1,247	920	919	1,184	1,417	960	1,202	981	1,294	1,019	1,162	1,756	1,197	1,125	1,039
鹿児島	990	853	1,070	1,108	1,060	980	1,258	1,034	1,098	927	1,216	1,053	1,624	1,018	1,221	1,302	1,459	1,044	1,001
沖　縄	1,050	853	1,185	847	973	1,025		927	959	1,038	1,384	1,147	1,200	1,302	1,267	2,229	1,287	1,337	1,036

注：短時間労働者＝ 都道府県別第1表短時間労働者の1時間あたり所定内給与額および年間賞与その他特別給与額
　　企業規模計＝ 都道府県、産業別短時間労働者の平均年齢、平均勤続年数、平均月間実労働日数、平均1日あたり所定内実労働時間数、平均1時間あたり所定内給与額、平均年間賞与その他特別給与額および労働者数
　　　　　　　　所定内実労働時間数全国平均（165時間）で算出
　　　　なお、上記は2020年調査から、従来集計では除外されていた「一時間当たり所定内給与額が3,000円を超える」労働者が集計に含まれるよう変更されたことにより、金額が大幅に上昇している
出所：連合「連合リビングウェイジ2022簡易改定版総括表」都道府県別・単身成人・時間額、厚生労働省「地域別最低賃金の全国一覧」、厚生労働省「賃金構造基本統計調査」（2021年）短時間労働者・都道府県別第1表

8．2022春季生活闘争 代表銘柄・中堅銘柄（職種別賃金主要銘柄）

金属共闘連絡会議（17銘柄）

自動車総連	自動車製造組立 高卒35歳（11社）	328,376
	車体・部品製造（大手） 高卒35歳（11社）	313,271
	車体・部品製造（中堅） 高卒35歳（5社）	275,192
	自動車販売営業職 大卒35歳（9社）	283,993
電機連合	開発・設計職基幹労働者 （30歳相当）基本賃金 ※中闘組合単純平均	324,554
	製品組立職基幹労働者 （35歳相当）基本賃金 ※中闘組合単純平均	297,291
JAM	産業用機械製造 高卒・35歳 所定内賃金	300,000
	金属製品製造 高卒・35歳 所定内賃金	291,000
	輸送・交通関連機器製造 高卒・35歳 所定内賃金	299,000
	電機・精密製造 高卒・35歳 所定内賃金	312,000
	金属産業中小目安基準 高卒35歳 所定内賃金	270,000
基幹労連	鉄鋼総合メーカー 生産職 高卒35歳・勤続17年	294,000
	鉄鋼中堅メーカー 生産職 高卒35歳・勤続17年	273,800
	総合重工メーカー 製造 高卒35歳・勤続17年	303,200
	中堅重工メーカー 製造 高卒35歳・勤続17年	266,800
	非鉄総合メーカー 生産職 高卒35歳・勤続17年	295,900
全電線	電線メーカー技能職 高卒・35歳	313,288

化学・食品・製造等共闘連絡会議（22銘柄）

UAゼンセン	化学素材・高卒・生産技能職・35歳・ 勤続17年 基本賃金（5社） 単純平均	268,418
JEC連合	石油・高卒・30歳勤続12年 扶養2 人（5社）所定内賃金 単純平均	291,879
	化学・高卒・30歳勤続12年 扶養2 人（34社）所定内賃金 単純平均	276,648
	セメント・高卒・30歳勤続12年 扶 養2人（3社）所定内賃金 中位数	245,700
	医薬化粧品・高卒・30歳勤続12年 扶 養2人（5社）所定内賃金 単純平均	301,750
	塗料・高卒・30歳勤続12年 扶養2 人（10社）所定内賃金 単純平均	280,987
	中小・一般・高卒・30歳勤続12年 扶 養2人（6社）所定内賃金 単純平均	259,334
フード連合 （2021年賃金 実態調査の 結果より）	食品生産・技能職 （120組合 35歳）基本賃金	283,159
	食品技術・研究職 （120組合 35歳）基本賃金	338,939
	食品企画職 （120組合 35歳）基本賃金	349,920
	食品一般事務職 （120組合 35歳）基本賃金	275,606
	食品営業・サービス職 （120組合 35歳）基本賃金	331,826
	食品運輸関係職 （120組合 35歳）基本賃金	267,872
ゴム連合	ゴム製品製造生産技能高卒・ 35歳（9社）	302,931
	ゴム製品製造生産技能高卒・ 35歳（300〜999人規模）	300,619
紙パ連合	製紙メーカー製造 高卒35歳（12組合） 単純平均	292,864
印刷労連	高卒定期入社・35歳所定内計 （1000人以上）	288,999
	高卒定期入社・35歳所定内計 （300人以上）	302,707
	大卒定期入社・35歳所定内計 （1000人以上）	335,712
	大卒定期入社・35歳所定内計 （300人以上）	336,960
セラミックス 連合	窯業技能職高卒・35歳（500人以上 規模・代表5社）基本賃金 単純平均	277,000
	窯業技能職高卒・35歳（100〜500 人未満・代表8社）基本賃金 単純平均	241,000

注：すべて2022春季生活闘争前の水準。特段注記のない銘柄賃金水準の算出は
　　平均値による

流通・サービス・金融共闘連絡会議（16銘柄）

UAゼンセン	百貨店（8社） 30歳男子・実態中位 単純平均	313,500
	総合スーパー（6社） 30歳男子・実態中位 単純平均	269,800
	食品スーパー（13社） 30歳男子・実態中位 単純平均	280,200
	家電量販店（5社） 30歳男子・実態中位 単純平均	249,000
	外食業（15社） 店長 30歳男子・実態中位 単純平均	253,000
自治労（全国一般）	保健医療（5社）35歳加重平均	249,300
ヘルスケア労協	看護師・大卒35歳（モデル賃金）	287,500
	介護士・短大2年・35歳（モデル賃金）	263,000
	医療技師・短大3年・35歳（モデル賃金）	276,300
	一般事務職・大卒35歳（モデル賃金）	275,300
	病院調理師・高卒35歳（モデル賃金）	249,800
サービス連合	旅行業・35歳（大卒含む）	294,400
	ホテル業・35歳（大卒含む）	254,600
生保労連 損保労連	保険業（規模計、大卒、30歳、男女） （賃構推計）	288,600
全銀連合	銀行業（規模計・大卒・30歳、男性） （賃構推計）	318,004
全国農団労 全労金 労済労連	協同組織金融 （3組織の所定内賃金［大学・大学 院卒・35歳、男女］の単純平均）	314,774

インフラ・公益共闘連絡会議（15銘柄）

自治労	地方公務員事務・技術職・35歳	293,807
JP労組	地域基幹職・35歳勤続17年 配偶者、子供2人（モデル賃金）	282,100
電力総連	電気事業 高卒30歳・勤続12年・ 配偶者扶養 単純平均	285,979
	電気工事業 高卒30歳・勤続12年 単純平均	261,614
	電気保安業 高卒30歳・勤続12年 単純平均	271,991
	発電所設備保守業 高卒30歳・ 勤続12年・配偶者＋子1 単純平均	272,845
	計器・電気機器製造業 高卒30歳・ 勤続12年・配偶者＋子1 単純平均	262,133
情報労連	通信大手30歳・勤続12年 事務職（6社）	310,000
	情報サービス大手30歳 勤続12年・事務職（3社）	290,300
	通信大手35歳・勤続17年 事務職（6社）	373,900
	情報サービス大手35歳 勤続17年・事務職（3社）	345,500
全国ガス	ガス関連事業・高卒35歳 単純平均	276,900
全水道	水道、下水道、ガス事務技術職・ 35歳（参考値）（諸手当含まず）	281,800
メディア労連	放送事業・35歳（主要12組合平均）	311,056
	映画事業・30歳（代表1社平均）	299,592

交通・運輸共闘連絡会議（13銘柄）

運輸労連 交通労連	普通貨物運転職・平均（44.9歳、勤 続13.6年）大手24社の単純平均（運 輸＝10社、交通トラック部会＝13社）	239,664
私鉄総連	鉄軌道運転士・35歳（全体平均基本給）	256,679
	バス運転士・35歳（全体平均基本給）	206,661
JR連合 JR総連	JR駅員職・35歳（2構成組織の 賃金実態調査の単純平均）	272,300
	JR運転職・35歳（2構成組織の 賃金実態調査の単純平均）	272,700
交通労連	バス運転士・35歳	197,290
海員組合	内航船舶部員・35歳	245,600
航空連合	航空一般（3社単純平均） （30歳）	277,711
	航空機整備専門（4社単純平均） （30歳）	252,522
自治労 （都市公共交通）	バス運転手 30歳代後半平均 （全体平均基本給）	211,900
	地下鉄運転士 30歳代後半平均 （全体平均基本給）	256,300
交通労連 全自交労連	タクシー運転職 （賃構推計）	233,700 （賃構推計）
労供労連	生コン・清掃・海コン車運転手・ 清掃作業員 供給契約賃金平均	295,000

9. 貯蓄現在高階級別世帯分布

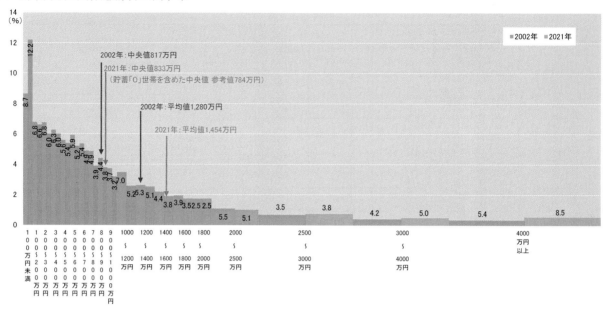

注：総務省統計局「家計調査（貯蓄・負債編）」で取得できる一番古い2002年と直近の2021年を比較。標準級間隔100万円（貯蓄現在高1,000万円未満）の各階級の度数は縦軸目盛りと一致するが、貯蓄現在高1,000万円以上の各階級の度数は階級の間隔が標準級間隔よりも広いため、縦軸目盛りとは一致しない
出所：総務省統計局「家計調査（貯蓄・負債編）」

10. 要求状況・妥結進捗状況

	2015回答 (2015年7月1日公表)		《再計算》 2016回答 (2016年7月5日公表)		2017回答 (2017年7月5日公表)		2018回答 (2018年7月6日公表)		2019回答 (2019年7月5日公表)		2020回答 (2020年7月6日公表)		2021回答 (2021年7月5日公表)		2022回答 (2022年7月5日公表)	
	組合数 (組合)	率 (%)	組合数 (組合)	率 (%)	組合数 (組合)	率 (%)	組合数 (組合)	率 (%)	組合数 (組合)	率 (%)	組合数 (組合)	率 (%)	組合数 (組合)	率 (%)	組合数 (組合)	率 (%)
集計組合　計	8,765		8,656		8,161		8,166		8,043		8,045		7,929		7,863	
要求を提出 （賃金に限らず全ての要求）	7,408	84.5	7,050	81.4	6,956	85.2	6,999	85.7	6,839	85.0	6,742	83.8	6,558	82.7	6,596	83.9
うち、月例賃金改善（定昇維持含む）を要求			5,846	67.5	5,633	69.0	5,877	72.0	5,540	68.9	5,376	66.8	5,920	74.7	5,361	68.2
要求検討中・要求状況不明	1,357	15.5	1,606	18.6	1,205	14.8	1,167	14.3	1,204	15.0	1,303	16.2	1,371	17.3	1,267	16.1
妥結済組合 （月例賃金改善限定）	6,031		4,099		4,398		5,273		5,085		4,773		4,771		5,071	
賃金改善分獲得	2,197	36.4	1,123	27.4	1,300	29.6	2,010	38.1	1,896	37.3	1,636	34.3	1,277	26.8	2,021	39.9
定昇相当分確保のみ （協約確定含む）	1,163	19.3	727	17.7	805	18.3	798	15.1	875	17.2	1,187	24.9	1,505	31.5	987	19.5
定昇相当分確保未達成	146	2.4	53	1.3	8	0.2	30	0.6	26	0.5	14	0.3	71	1.5	23	0.5
確認中	2,525	41.9	2,196	53.6	2,285	52.0	2,435	46.2	2,288	45.0	1,936	40.6	1,918	40.2	2,040	40.2

注： 2017から月例賃金改善（定昇維持含む）要求に限定して妥結進捗状況を集計するよう変更したのに伴い、2016については同じ方法ですべて再計算しているが、2015は月例賃金改善（定昇維持含む）要求に限定せず妥結進捗状況を集計した値であり単純比較はできない。率は小数第1位未満を四捨五入しており、計と一致しない場合がある
出所：連合作成

11. 最賃水準の国際比較

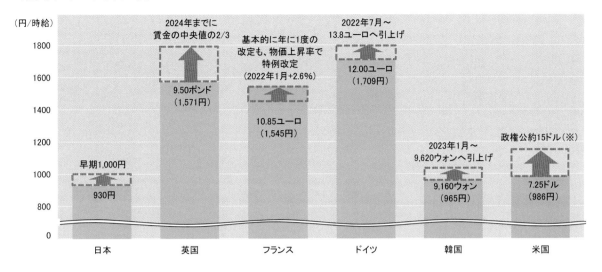

注：為替レートは2022年6月30日現在
　　※2021年米国救済計画法案に、連邦最低賃金の時給15ドルへの引上げが盛り込まれたが、2021年3月の上院での可決時に法案から最低賃金の項目は削除
出所：各国HPをもとに連合作成

12. 資金過不足の推移

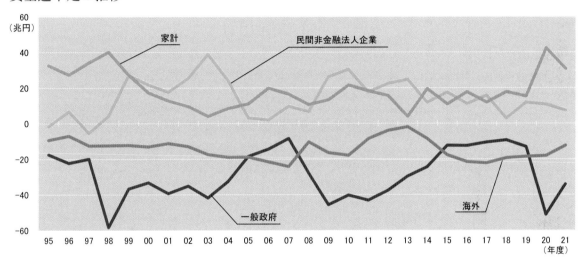

出所：日銀「資金循環統計」

13. 一般労働者の現金給与総額（名目）の変動要因

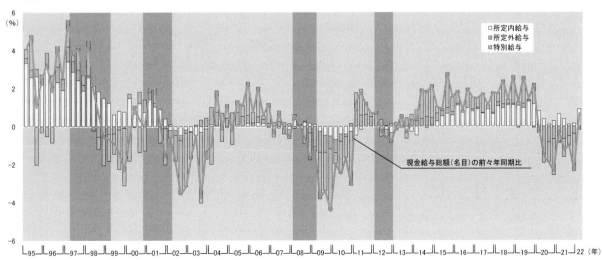

注：1）事業所規模5人以上の数値を示している。また、シャドーは景気後退局面を示している
　　2）賃金指数等や消費者物価指数については、2020年基準を用いている
出所：厚生労働省「毎月勤労統計調査」

14. 名目賃金の下方硬直性の度合いの国際比較

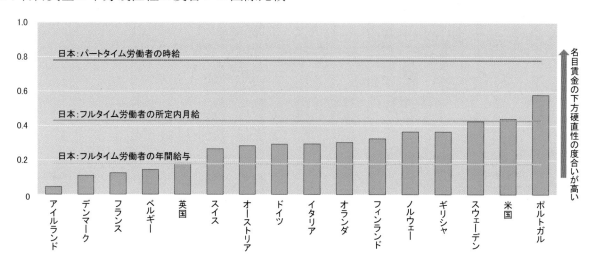

注：日本以外はDickens et al.（2007）の推計結果。Dickens et al.（2007）で用いられた総サンプル数は31,300,000。サンプル期間は各国平均で11.6年（そのほとんどが2000年前後を終期とするデータ）
出所：厚生労働省「毎月勤労統計調査」

15. イノベーションの課題

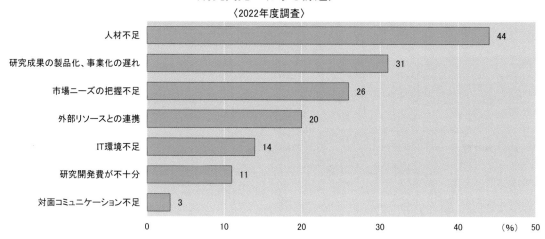

注 ：大企業全産業対象、3つ以内複数回答の有効回答社数比
出所：日本政策投資銀行「2022年度設備投資計画調査」

16. パートナーシップ構築宣言社数の推移

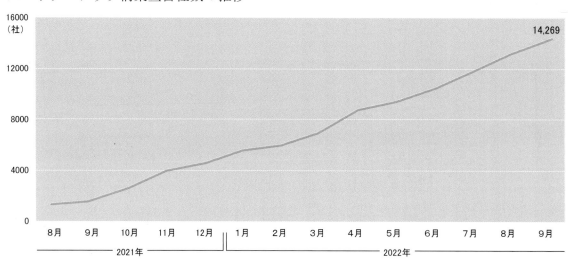

出所：第4回未来を拓くパートナーシップ構築推進会議（2022年10月）内閣府提出資料